JAPANESE SHORT STORIES FOR BEGINNERS

20 Captivating Short Stories to Learn Japanese & Grow Your Vocabulary the Fun Way!

Easy Japanese Stories

Lingo Mastery

www.LingoMastery.com

ISBN: 978-1-951949-22-8

Copyright © 2020 by Lingo Mastery

TABLE OF CONTENTS

INTRODUCTION

So, you want to learn Japanese? That's awesome!

Like any other foreign language, it's going to open the doors to discover a completely new culture. Whether you're learning Japanese for work, studies or fun, the knowledge of the language will broaden your mind, let you meet new people, and will become a new page in the thrilling book of your self-development.

Heard about Japanese being impossibly hard to learn? That might be true. But that's what we're here for. Rely on this book that was written with your needs in mind and accept the challenge without any fear or doubts.

What is the following book about?

We've written this book to cover an important issue that seems to affect every new learner of the Japanese tongue — a lack of helpful reading material. While in English you may encounter tons (or gigabytes, in our modern terms) of easy and accessible learning material, in Japanese you will usually and promptly be given tough literature to read by your teachers, and you will soon find yourself consulting your dictionary more than you'd want to. Eventually, you'll find yourself bored and uninterested in continuing, and your initially positive outlook may soon turn sour.

Our goal with this book will be to supply you with useful, entertaining, helpful and challenging material that will not only allow you to learn the language but also help you pass the time and make the experience less formal and more fun — like any particular lesson should be. We will not bore you with grammatical notes, spelling or structure: the book has been well-written and revised to ensure that it covers those aspects without having to explain them in unnecessarily complicated rules like textbooks do.

If you've ever learned a new language through conversational methods, teachers will typically just ask you to practice speaking. Here, we'll teach you writing and reading Japanese with stories. You'll learn both how to read it *and* write it with the additional tools we'll give you at the end of each story.

Stories for Beginners? What does that mean?

We don't want the word to be misleading for you. When thinking about you as a beginner, we focused on combining two things:

1. Providing you with easy to understand words and structures;
2. Avoiding simplistic content.

Judging by our extensive experience, it's impossible to make any impressive progress by dealing with the material that you are absolutely comfortable with. Dive into the unknown, make an effort, and you'll be rewarded.

To make things easier for you, we picked only common words – no rocket science, that's for sure. You won't encounter any complex sentences with multiple clauses and prepositions.

Just take the final step on your own — apply your diligence and work hard to go over to the next level.

The suggested steps of working with this book

1. First, just read the story. Chances are you already know many words.

2. Then read it again, referring to the vocabulary. Note that our vocabulary is much easier to use than a conventional dictionary because:

   a. the words are listed in order of their appearance in the text;
   b. the translations are given in the very form you find them in the text;
   c. the most complex words are given as word combinations to let you grasp the grammatical structure.

3. Now that you think you understand the major plot of the story, check yourself by referring to the summary of the story that is provided both in Japanese (Nihongo) and English.
4. Go over to the Questions section to check if you've understood the details.
5. Check if you were right in the Answers section.
6. And at last — time to enjoy. Read the story once again, getting pleasure from the feeling of great achievement. You deserved it!

What if I don't understand everything?

Remember — understanding each and every word is not your goal. Your goal is to grasp the essence of the story and enrich your vocabulary. It is **absolutely normal** that you may not understand some words or structures and that sometimes you may ultimately not entirely understand what the story is about.

With that said, you will be provided with the very same story again but this time, with the English translation available under each paragraph.

Other recommendations for readers of *Japanese Short Stories for Beginners*

Before we allow you to begin reading, we have a quick list of some other recommendations, tips and tricks for getting the best out of this book.

1. Read the stories without any pressure: feel free to return to parts you didn't understand and take breaks when necessary. This is like any fantasy, romance or sci-fi book you'd pick up, except with different goals.

2. Feel free to use any external material to make your experience more complete: while we've provided you with plenty of data to help you learn, you may feel obliged to look at textbooks or search for more helpful texts on the internet — do not think twice about doing so! We even recommend it.

3. Find other people to learn with: while learning can be fun on your own, it definitely helps to have friends or family joining you on the tough journey of learning a new language. Find a like-minded person to accompany you in this experience, and you may soon find yourself competing to see who can learn the most!

4. Try writing your own stories once you're done: all of the material in this book is made for you to learn not only how to read, but how to write as well. Liked what you read? Try writing your own story now, and see what people think about it!

FREE BOOK!

Free Book Reveals the 6 Step Blueprint That Took Students
from Language Learners to Fluent in 3 Months

One last thing before we start. If you haven't already, head over to **LingoMastery.com/hacks** and grab a copy of our free Lingo Hacks book that will teach you the important secrets that you need to know to become fluent in a language as fast as possible. Again, you can find the free book over at **LingoMastery.com/hacks**.

Now, without further ado, enjoy these 20 Japanese Stories for Beginners.

Good luck, reader!

CHAPTER 1

電車 - TRAIN

アヤコは毎日電車に乗ります。仕事に行くとき、買い物に行くとき、友達に会うとき、英会話のレッスンに行くとき、映画を見に行くとき、電車に乗ります。

平日に仕事へ行くとき、アヤコは毎日同じ人達と同じ電車に乗ります。週末に出かけるとき、いつも違う人達が電車に乗ります。

アヤコは電車に乗るとき、いつも不思議に思うことがあります。この人達は、どこから来て、どこへ行くのかな？

今日は 6月15日、日曜日の朝です。もうすぐ夏です。とてもいい天気です。今日、アヤコは電車に乗って新しい映画を見に行きます。

アヤコはゆっくり電車の中を見ました。日曜日の朝なので、電車に乗っている人は少ないです。

アヤコの目の前には、小さな男の子と若い男の人が一緒に座っています。男の子はタブレットでビデオを見ています。若い男の人は電車の窓の外を眺めています。この二人は親子かな？生徒と先生かな？

アヤコの隣に、女の人が一人で座っています。その女の人は青いワンピースを着ています。そして、携帯電話でだれかにメッセージを送っています。青いワンピースを着て、どこに行くんだろう？仕事の面接かな？それとも、友達の結婚式かな？

アヤコは周りを見ます。見たことがある女の人がいます。その女の人はドアの近くに立って、本を読んでいます。

アヤコは仕事に行くとき、毎日その人を見ます。でも、その女の人と話したことはありません。その女の人はいつも本を読んでいます。

どうしよう？話してみようかな？

でも、何を話そうかな？

アヤコは一生懸命考えます。一分、三分、そして十分が経ちました。次の駅で、アヤコは降りなければいけません。

どうしよう？何を言おう？時間がない。

電車は次の駅に到着します。その女の人も同じ駅で降りました。

アヤコは急いで電車を降りて、大きな声でその人に話しかけました。

「あの、こんにちは！」

その人は返事をしませんでした。そして、歩いていきました。

アヤコはがっかりしました。

そして、アヤコは映画館に行きました。

アヤコが映画館に着いたとき、その女の人も映画館にいました。

アヤコは、その女の人にあいさつをしようと思いました。

その人は、字幕の映画を見たいので、映画館のスタッフと話していました。

その人は、耳が不自由でした。だから、アヤコがあいさつしたとき、聞こえませんでした。

そして、アヤコはその女の人に手紙を書きました。「一緒に映画を見ませんか?」

今、アヤコは毎日電車でその女の人とノートとペンを使って映画の話をします。

電車 / Train
With English Translation

アヤコは毎日電車に乗ります。仕事に行くとき、買い物に行くとき、友達に会うとき、英会話のレッスンに行くとき、映画を見に行くとき、電車に乗ります。

Ayako rides **trains** every day. When she goes to **work**, goes **shopping**, meets with **friends**, goes to an **English-conversation lesson**, or goes to the **movies**, she rides trains.

平日に仕事へ行くとき、アヤコは毎日同じ人達と同じ電車に乗ります。週末に出かけるとき、いつも違う人達が電車に乗ります。

When she goes to work on **weekdays**, Ayako always rides the same train every day with the **same** people. When she **goes out** on **weekends**, there are always **different** people on the train.

アヤコは電車に乗るとき、いつも不思議に思うことがあります。この人達は、どこから来て、どこへ行くのかな？

Whenever Ayako rides a train, there is something she always **wonders** about. Where do these people come from and where do these people go?

今日は 6月15日、日曜日の朝です。もうすぐ夏です。とてもいい天気です。今日、アヤコは電車に乗って新しい映画を見に行きます。

Today is June 15th and it is a Sunday morning. Summer **is just**

around the corner. It is a nice day. Today, Ayako takes the train and goes to see a new movie.

アヤコはゆっくり電車の中を見ました。日曜日の朝なので、電車に乗っている人は少ないです。

Ayako slowly **looked around** in the train. Because it is a Sunday morning, there are not many people riding it.

アヤコの目の前には、小さな男の子と若い男の人が一緒に座っています。男の子はタブレットでビデオを見ています。若い男の人は電車の窓の外を眺めています。この二人は親子かな？生徒と先生かな？

In front of Ayako, there are a small boy and a young man sitting **together**. The boy is watching a **video** on a **tablet**. The young man is **looking** outside the window of the train. Are they a **child and father**? Or, are they a **student** and **teacher**?

アヤコの隣に、女の人が一人で座っています。その女の人は青いワンピースを着ています。そして、携帯電話でだれかにメッセージを送っています。青いワンピースを着て、どこに行くんだろう？仕事の面接かな？それとも、友達の結婚式かな？

Next to Ayako, there is a woman sitting **by herself**. She is wearing a blue **dress** and sending a **message** to someone on her **cellphone**. Where is she going in a blue dress? Does she have a **job interview**? Or, is she going to her friend's **wedding**?

アヤコは周りを見ます。見たことがある女の人がいます。その女の人はドアの近くに立って、本を読んでいます。

Ayako is looking around. There is someone that she has seen before. This woman is standing near a **door** and reading a book.

アヤコは仕事に行くとき、毎日その人を見ます。でも、その女の人と話したことはありません。その女の人はいつも本を読んでいます。

When she goes to work, Ayako sees this woman every day. But she has never talked to her before. This woman is always reading a book.

どうしよう？話してみようかな？

What do I do? Maybe I want to talk to her?

でも、何を話そうかな？

But what should I talk about?

アヤコは一生懸命考えます。一分、三分、そして十分が経ちました。次の駅で、アヤコは降りなければいけません。

Ayako is thinking about what to say **very hard**. One minute, three minutes, ten minutes have passed. She needs to **get off** at the next station.

どうしよう？何を言おう？時間がない。

What do I do? What do I say? There is no time left.

電車は次の駅に到着します。その女の人も同じ駅で降りました。

The train stops at the next station. And the woman also got off at the same station.

アヤコは急いで電車を降りて、大きな声でその人に話しかけました。

11

Ayako got off the train **hurriedly** and got to talk to the woman in a loud **voice**.

「あの、こんにちは！」

"Um, hello!"

その人は返事をしませんでした。そして、歩いていきました。

The woman did not answer to Ayako and just walked away.

アヤコはがっかりしました。

Ayako got **disappointed**.

そして、アヤコは映画館に行きました。

Ayako then went to the movie theater.

アヤコが映画館に着いたとき、その女の人も映画館にいました。

When she **arrived** at the theater, that woman was also there.

アヤコは、その女の人にあいさつをしようと思いました。

Ayako thought she was now going to say hi to her.

その人は、字幕の映画を見たいので、映画館のスタッフと話していました。

The woman wanted to watch a **subtitled** movie so she was talking to a **staff member** of the theater.

その人は、耳が不自由でした。だから、アヤコがあいさつしたとき、聞こえませんでした。

She was **deaf**. That's why she could not hear it when Ayako said hi to her.

そして、アヤコはその女の人に手紙を書きました。「一緒に映画を見ませんか？」

Ayako then wrote **a letter** to the woman. "Would you like to watch a movie together?"

今、アヤコは毎日電車でその女の人とノートとペンを使って映画の話をします。

Now Ayako and the woman talk about movies everyday on the train using a **notebook** and **pen**.

<ruby>要約<rt>ようやく</rt></ruby>／Summary

アヤコは<ruby>毎日電車<rt>まいにちでんしゃ</rt></ruby>に<ruby>乗<rt>の</rt></ruby>ります。<ruby>日曜日<rt>にちようび</rt></ruby>の<ruby>朝<rt>あさ</rt></ruby>、<ruby>映画<rt>えいが</rt></ruby>を<ruby>見<rt>み</rt></ruby>に<ruby>行<rt>い</rt></ruby>くとき、<ruby>見<rt>み</rt></ruby>たことがある<ruby>女<rt>おんな</rt></ruby>の<ruby>人<rt>ひと</rt></ruby>が<ruby>同<rt>おな</rt></ruby>じ<ruby>電車<rt>でんしゃ</rt></ruby>に<ruby>乗<rt>の</rt></ruby>っていました。アヤコは<ruby>仕事<rt>しごと</rt></ruby>に<ruby>行<rt>い</rt></ruby>くとき、<ruby>毎日電車<rt>まいにちでんしゃ</rt></ruby>でその<ruby>女<rt>おんな</rt></ruby>の<ruby>人<rt>ひと</rt></ruby>を<ruby>見<rt>み</rt></ruby>ます。アヤコはその<ruby>人<rt>ひと</rt></ruby>にあいさつしました。でも、その<ruby>女<rt>おんな</rt></ruby>の<ruby>人<rt>ひと</rt></ruby>は<ruby>返事<rt>へんじ</rt></ruby>をしませんでした。その<ruby>人<rt>ひと</rt></ruby>は<ruby>耳<rt>みみ</rt></ruby>が<ruby>不自由<rt>ふじゆう</rt></ruby>でした。<ruby>今<rt>いま</rt></ruby>は<ruby>毎日<rt>まいにち</rt></ruby>アヤコとその<ruby>女<rt>おんな</rt></ruby>の<ruby>人<rt>ひと</rt></ruby>は<ruby>電車<rt>でんしゃ</rt></ruby>でノートとペンを<ruby>使<rt>つか</rt></ruby>って<ruby>映画<rt>えいが</rt></ruby>の<ruby>話<rt>はなし</rt></ruby>をします。

Ayako rides trains every day. One Sunday morning, when she went to watch a movie, Ayako saw this woman on the same train she had seen before. Ayako sees this woman on the train every day when she goes to work. Ayako tried to say hi to her, but the woman did not respond. The woman was deaf. From then on, Ayako and the woman talk about movies eveyday on the train using a notebook and pen.

単語リスト／Vocabulary List

word

- 毎日 - **mainichi**: every day
- 電車 - **densha**: train
- 仕事 - **shigoto**: work
- 買い物 - **kaimono**: shopping
- 友達 - **tomodachi**: friend
- 英会話 - **eikaiwa**: English _dialog_ (conversation)
- レッスン - **ressun**: lesson
- 映画 - **eiga**: movie
- 平日 - **heijitsu**: weekday
- 同じ - **onaji**: same
- 週末 - **shuumatsu**: weekend
- 出かける - **dekakeru**: to go out
- 違う - **chigau**: different
- 少ない - **sukunai**: not many, few
- 不思議に思う - **fushigi ni omou**: to wonder
- もうすぐ – **moosugu**: just around the corner, soon
- 目の前 - **menomae**: in front
- 一緒に - **issho ni**: together

- タブレット - **taburetto**: tablet
- ビデオ - **bideo**: video
- 眺める - **nagameru**: to look, to stare
- 親子 - **oyako**: parent(s) and a child/children
- 生徒 - **seito**: student
- 先生 - **sensei**: teacher
- 一人で - **hitoride**: by oneself
- ワンピース - **wanpiisu**: dress
- 携帯電話 - **keitai denwa**: cellphone
- メッセージ - **messeeji**: message
- 面接 - **mensetsu**: job interview
- 結婚式 - **kekkonshiki**: wedding
- 前に - **maeni**: before
- ドア - **doa**: door
- 一生懸命 - **isshoo-kenmee**: to try very hard
- 降りる - **oriru**: to get off

- 急いで - **isoide**: hurriedly
- 声 - **koe**: voice
- がっかりする - **gakkari suru**: to be disappointed
- 着く - **tsuku**: to arrive
- 字幕 - **jimaku**: subtitles
- スタッフ - **sutaffu**: staff member
- 耳が不自由 - **mimi ga fujiyuu**: deaf
- 手紙 - **tegami**: letters
- ノート - **nooto**: notebook
- ペン - **pen**: pen

aisatu o suru - to greet

問題／Questions

1. アヤコは毎日電車に乗る。

   Ayako rides trains every day.

   a. はい
   b. いいえ

2. 青いワンピースを着た女の人は...

   The woman in a blue dress is...

   a. 本を読んでいる。
   b. 結婚式に行く。
   c. 携帯電話でメッセージを送っている。
   d. 仕事の面接に行く。

3. 季節はいつですか？

   In this story, what season is it?

   a. 春
   b. 夏
   c. 冬
   d. 秋

4. 今日、アヤコは...

   Today, Ayako is going...

   a. 友達に会いに行く。
   b. 英会話のレッスンに行く。
   c. 仕事に行く。
   d. 映画館に行く。

17

5. 映画館で、アヤコは一人で映画を見る。

At the theater, Ayako watches the movie by herself.

a. はい

b. いいえ

答／Answers

1. A はい

   True

2. C 携帯電話でメッセージを送っている。

   Sending a message on her cell phone.

3. A 春

   Spring

4. D 映画館に行く。

   To the movies.

5. B いいえ

   False

CHAPTER 2
登山家 - MOUNTAINEER

登山家は、山にある小屋で暮らしています。一人で元気に暮らしています。

毎朝、三時間山を登ります。そして、野菜を育てて、食べています。

登山家は、病院に行ったことがありません。とても元気なので、病気になったことがありません。

今日も昼にキノコをとりに行きます。登山家は、キノコについてよく知っています。食べられるキノコと食べられないキノコがあります。

その夜、登山家は病気になって、初めて救急車を電話で呼びました。

病院に着いたとき、医者は言いました。

「食べられないキノコを食べましたか？キノコはとても危険なので、気を付けてください。でも、もう大丈夫です。でも、目が悪くなっています。知っていましたか？休んだ方がいいですよ。」

そして、登山家は毎年病院に行って、健康診断を受けます。

登山家 - Mountaineer
With English Translation

登山家は、山にある小屋で暮らしています。一人で元気に暮らしています。

A **mountaineer lives** in his **hut in the mountains**. He lives alone and has a very **healthy** life.

毎朝、三時間山を登ります。そして、野菜を育てて、食べています。

Every morning, he **goes on a hike** for three hours. He **grows vegetables** and eats them.

登山家は、病院に行ったことがありません。とても元気なので、病気になったことがありません。

The mountaineer has never **been to the hospital** before. Because he **lives** a healthy **life**, he has never **gotten sick**.

今日も昼にキノコをとりに行きます。登山家は、キノコについてよく知っています。食べられるキノコと食べられないキノコがあります。

This **afternoon**, he goes to **pick mushrooms** in the mountains. The mountaineer knows a lot about mushrooms. There are mushrooms that are edible as well as mushrooms that are inedible.

その夜、登山家は病気になって、初めて救急車を電話で呼びました。

That night, he got sick and called for an **ambulance for the first time**.

21

病院に着いたとき、医者は言いました。

When he arrived at the hospital, the doctor said:

「食べられないキノコを食べましたか？キノコはとても危険なので、気を付けてください。でも、もう大丈夫です。でも、目が悪くなっています。知っていましたか？休んだ方がいいですよ。」

"Did you eat inedible mushrooms? You have to be careful since mushrooms can be very **dangerous**. But everything is fine now. By the way, **your eyes are getting weak**. Did you know that? You should take a good rest."

そして、登山家は毎年病院に行って、健康診断を受けます。

Since then, the mountaineer **goes** to the hospital to receive a **checkup every year**.

要約／Summary

登山家は、山で元気に暮らしています。とても元気なので、病院に行ったことがありません。昼にキノコをとりに行きました。その夜、登山家は、初めて電話で救急車を呼びました。医者は、登山家の目が悪くなっていると言いました。それから登山家は、毎年、健康診断を受けます。

A mountaineer lives a very healthy life in the mountains. He has never gone to the hospital because he is very healthy. One afternoon, he went to pick mushrooms in the mountains. That night, he got sick and called for an ambulance for the first time. At the hospital, the doctor told him that his eyes were becoming weak. Since then, the mountaineer goes to the hospital and receives a checkup every year.

単語リスト／Vocabulary List

- 登山家 - **tozanka**: mountaineer, alpinist
- 山 - **yama**: mountains
- 小屋 - **koya**: hut
- 暮らす - **kurasu**: to live
- 健康的な - **kenkoo teki na**: healthy
- 山を登る - **yama wo noboru**: to hike, to climb a mountain
- 育てる - **sodateru**: to grow, cultivate
- 野菜 - **yasai**: vegetable
- 病気になる - **byooki ni naru**: to get sick

- 昼に - **hiru ni**: in the afternoon
- とる - **toru**: to pick
- キノコ - **kinoko**: mushroom
- 初めて - **hajimete**: for the first time
- 救急車 - **kyuukyuusha**: ambulance
- 医者 - **isha**: doctor
- 危険 - **kiken**: dangerous
- 目が悪くなる - **me ga warukunaru**: eyes become weak
- 毎年 - **maitoshi**: every year
- 健康診断 - **kenkoo shindan**: health checkup

kenkō shindan shō -
health certificate

kenkō shindan o ukeru -
undergo health check

24

問題／Questions

1. 登山家は、毎朝、何時間山を登りますか？

   How long does the mountaineer go on a hike every morning?

   a. 一時間

   b. 二時間

   c. 三時間

   d. 四時間

2. 登山家は...

   In front of the mountaineer's hut...

   a. キノコを育てている。

   b. ねこを飼っている。

   c. 野菜を育てている。

   d. 病院を持っている。

3. 登山家は、病院に行ったことがある。

   The mountaineer has been to the hospital before.

   a. はい

   b. いいえ

4. 登山家は、病気になったことがある。

   The mountaineer has gotten sick before.

   a. はい

   b. いいえ

5. 病院で、医者は何を言いましたか？

   At the hospital, what did the doctor tell the mountaineer?

   a. 「元気に暮らしましょう」

   b. 「毎年、病院に来てください」

   c. 「キノコは危険です」

   d. 「野菜を育てましょう」

答／Answers

1. C 三時間

   Three hours

2. C 野菜を育てている。

   There is a field.

3. B いいえ

   False

4. B いいえ

   False

5. C 「キノコは危険です」

   Mushroom poisoning is dangerous.

CHAPTER 3

秘密 - SECRET

ぼくは、人に言えない秘密があります。この秘密を人に話してはいけません。たぶん、このアパートには住めなくなるでしょう。だから、大家さんにバレてはいけません。

その秘密は、ぼくが飼っているねこです。ねこの名前はトラさんです。黄色と黒の縞模様なので、トラさんと名付けました。

ぼくのアパートは、ペットを飼ってはいけません。大家さんは動物が好きじゃないかもしれません。大家さんは少し怖いので、トラさんは秘密にしたほうがいいです。

トラさんは、三ヶ月前に上司にもらいました。上司は子ねこを三匹飼っていました。だから、ぼくに子ねこを一匹くれました。それがトラさんでした。

ある日、上司はぼくに「ねこは好き？」と聞きました。ぼくは「犬よりねこのほうが好きです」と言いました。そして、次の日、上司はぼくにトラさんをくれました。

ぼくは、半年前にこの町に来ました。家族も友達もいなかったので、少し寂しかったです。でも、今はトラさんがいるので、寂しくありません。

ぼくとトラさんは毎日一緒にご飯を食べます。そして、毎日一緒に寝ます。

「ニャーニャー」

「ただいま」

トラさんはいつも玄関で待っています。家で待っているとき、トラさんは寂しいのかもしれません。**もしかしたら、**家族と兄弟に会いたいのかもしれません。

今日も家に帰って、玄関のドアを開けました。トラさんがいつものように玄関で待っていました。

「ニャーニャー」

「ただいま」

ぼくはトラさんと話していました。

「かわいいねこですね」

ぼくの後ろに大家さんが立っていました。ぼくは**びっくりし**ました。大家さんはトラさんを見て、言いました。

「一人暮らしは寂しいでしょう」

「すみません。このねこは上司にもらいました。**すぐに上司に返します**」とぼくは言いました。

「いいですよ。**大事にしなさい**」

と、大家さんは言って、家に帰りました。

秘密／Secret
With English Translation

ぼくは、人に言えない秘密があります。この秘密を人に話してはいけません。たぶん、このアパートには住めなくなるでしょう。だから、大家さんにバレてはいけません。

I have a **secret** I can't tell other people. I should not talk about it to anyone. I will **probably** not be able to live in this apartment. So, I should not let my **landlord** know about it.

その秘密は、ぼくが飼っているねこです。ねこの名前はトラさんです。黄色と黒の縞模様なので、トラさんと名付けました。

The secret is my **cat**. My cat's name is Tora-san. Since Tora-san has the yellow-black **stripe pattern**, I **named** her Tora-san.

ぼくのアパートは、ペットを飼ってはいけません。大家さんは動物が好きじゃないかもしれません。大家さんは少し怖いので、トラさんは秘密にしたほうがいいです。

In my apartment, **pets** are not allowed. The landlord probably does not like **animals**. Also, the landlord is a little **scary**, so I should keep Tora-san a secret.

トラさんは、三ヶ月前に上司にもらいました。上司は子ねこを三匹飼っていました。だから、ぼくに子ねこを一匹くれました。それがトラさんでした。

I **received** Tora-san from my **boss** three months ago. My boss **had** three **kittens**. So, he gave me one kitten, and that was Tora-san.

ある日、上司はぼくに「ねこは好き？」と聞きました。ぼくは「犬よりねこのほうが好きです」と言いました。そして、次の日、上司はぼくにトラさんをくれました。

One day, my boss asked me: "Do you like cats?" So, I said to him, "I like cats better than dogs." On the next day, he gave me Tora-san.

ぼくは、半年前にこの町に来ました。家族も友達もいなかったので、少し寂しかったです。でも、今はトラさんがいるので、寂しくありません。

I came to this town **half a year** ago. Because my **family** and friends were not here, I was **lonely**. But now I have Tora-san, so I am not lonely anymore.

ぼくとトラさんは毎日一緒にご飯を食べます。そして、毎日一緒に寝ます。

Tora-san and I eat together every day. And we sleep together every day.

「ニャーニャー」

"Meow meow."

「ただいま」

"**I'm home**."

トラさんはいつも玄関で待っています。家で待っているとき、トラさんは寂しいのかもしれません。もしかしたら、家族と兄弟に会いたいのかもしれません。

Tora-san is always waiting for me at the entrance. She might be feeling lonely when she is waiting for me at home. She **maybe** wants to see her family and **siblings**.

31

今日も家に帰って、玄関のドアを開けました。トラさんがいつものように玄関で待っていました。

Today, I came home and opened the door. Tora-san was waiting at the door **as always**.

「ニャーニャー」

"Meow meow."

「ただいま」

"I'm home."

ぼくはトラさんと話していました。

I was talking to Tora-san.

「かわいいねこですね」

"That's a cute cat."

ぼくの後ろに大家さんが立っていました。ぼくはびっくりしました。大家さんはトラさんを見て、言いました。

The landlord was standing behind me. **I got surprised**. The landlord saw Tora-san and said:

「一人暮らしは寂しいでしょう」

"**Living alone** must be lonely."

「すみません。このねこは上司にもらいました。すぐに上司に返します」とぼくは言いました。

"I'm sorry. I received this cat from my boss. I will **return** her to him **immediately**." I said.

「いいですよ。大事にしなさい」

"It's okay. **Take good care** of it."

と、大家さんは言って、家に帰りました。

Said the landlord. And he went back home.

要約／Summary

ぼくには秘密があります。その秘密はぼくの飼っているねこのトラさんです。ぼくのアパートはペットを飼ってはいけません。そして、ぼくのアパートの大家さんは怖い人です。ぼくは、半年前にこの町に来て、一人暮らしをしています。三ヶ月前に会社の上司からトラさんをもらいました。トラさんはいつも玄関で待っています。ある日、仕事から帰って、玄関でトラさんと話をしていました。そして、大家さんがトラさんを見て、ぼくの秘密がバレました。ぼくは大家さんに「このねこを上司に返します」と言いました。でも、大家さんは「大事にしなさい」と言って、家に帰りました。

I have a secret. The secret is my cat, Tora-san. In my apartment, pets are not allowed. In addition, my landlord is a scary person. Half a year ago, I moved to this town and started living by myself. I then received Tora-san from my boss three months ago. Tora-san is always waiting for me at the entrance. One day, coming back home from work, I was talking to Tora-san at the entrance. My landlord saw Tora-san and my secret got now disclosed. I told him, "I'll return her to my boss" but the landlord said, "Take good care of it" and went back home.

単語リスト／Vocabulary List

- 秘密 - **himitsu**: secret
- 大家 - **ooya**: landlord
- バレる - **bareru**: to leak out, to be revealed
- たぶん - **tabun**: maybe, perhaps
- アパート - **apaato**: apartment
- ペット - **petto**: pet
- 動物 - **doobutsu**: animals
- 飼う - **kau**: to have (a pet)
- ねこ - **neko**: cat
- トラ - **tora**: tiger
- 縞模様 – **shima moyoo**: stripe pattern
- 名づける - **nazukeru**: to name
- 怖い - **kowai**: scary
- 秘密にする - **himitsu ni suru**: to keep a secret
- 会社 - **kaisha**: company
- 上司 - **jooshi**: boss
- もらう - **morau**: to receive, to take in
- 子ねこ - **koneko**: kitten
- くれる - **kureru**: to give
- 家族 - **kazoku**: family
- 寂しい - **sabishii**: lonely
- 半年前 - **han toshi mae**: half a year ago
- 玄関 - **genkan**: doorway, entrance
- 待つ - **matsu**: to wait
- ただいま - **tadaima**: I'm home, right now
- もしかしたら - **moshikashitara**: maybe
- 兄弟 - **kyoodai**: sibling
- いつものように - **itsumo no yooni**: as always
- びっくりする - **bikkuri suru**: to be surprised
- 一人暮らし - **hitori gurashi**: living alone
- 返す - **kaesu**: to return
- すぐに - **suguni**: immediately
- 大事にする - **daiji ni suru**: to take good care

問題／Questions

1. ぼくの秘密はなんですか？

   In this story, what was my secret?

   a. 一人暮らしをしていること。

   b. 上司が三匹子ねこを飼っていたこと。

   c. ねこより犬のほうが好き。

   d. ペットを飼っていること。

2. トラさんは大きい。

   Tora-san is a big cat.

   a. はい

   b. いいえ

3. ぼくはいつこの町に来ましたか？

   When did I move to this city?

   a. 三ヶ月前

   b. 半年前

   c. 九ヶ月前

   d. 一年前

4. トラさんは、捨てねこだった。

   Tora-san was a stray cat.

   a. はい

   b. いいえ

5. トラさんを見て、大家さんは...

Seeing Tora-san, the landlord...

a. トラさんと話した。
b. 怒った。
c. びっくりした。
d. 大事にしなさいと言った。

答／Answers
<ruby>答<rt>こたえ</rt></ruby>／Answers

1. D ペットを<ruby>飼<rt>か</rt></ruby>っていること。

    I have a pet.

2. B いいえ

    False

3. B <ruby>半年前<rt>はんとしまえ</rt></ruby>

    Half a year ago

4. B いいえ

    False

5. D <ruby>大事<rt>だいじ</rt></ruby>にしなさいと<ruby>言<rt>い</rt></ruby>った。

    Said I should take good care of her.

CHAPTER 4
発明 - INVENTION

物語が大好きな科学者は、毎日十冊も小説を読みます。だから、一年で一万冊も本を読みます。そして、毎月新しい小説を買います。でも、すぐに全部読んでしまいます。

ある日、科学者は物語を書く機械を発明しました。その機械は人工知能を持っていて、人間が好きな物語をたくさん書きます。

科学者は喜びました。でも、機械が物語を書くより科学者が読むほうが速いので、科学者はもっと物語がほしいと思います。そして、科学者は機械に言いました。

「もっとたくさん物語を書いて！」

科学者が発明した機械は、物語を書く機械を発明しました。この新しい機械も人間が好きな物語を書くことができます。

科学者は、この新しい機械に頼んでみました。

「たくさん物語を書いて！」

でも、まだ2台の機械が物語を書くより科学者が物語を読むほうが速いです。

科学者が発明した機械は、また物語を書く機械を発明しました。今、科学者は物語を書く機械を3台も持っています。

科学者はいつも新しい物語を読むことができるので、とても幸せです。

発明 - Invention
With English Translation

物語が大好きな科学者は、毎日十冊も小説を読みます。だから、一年で一万冊も本を読みます。そして、毎月新しい小説を買います。でも、すぐに全部読んでしまいます。

A **scientist** who loves reading **stories reads** as many as **ten novels** every day. She even reads **ten thousand books** within a year. She buys **new** novels every month but reads **all** of them immediately.

ある日、科学者は物語を書く機械を発明しました。その機械は人工知能を持っていて、人間が好きな物語をたくさん書きます。

One day, she **invented** a **machine** that **writes** stories. The machine has **artificial intelligence** and writes many stories that **humans** like.

科学者は喜びました。でも、機械が物語を書くより科学者が読むほうが速いので、科学者はもっと物語がほしいと思います。そして、科学者は機械に言いました。

The scientist was **delighted**. But she reads much faster than the machine writes stories, so she wants **more** stories. She then said to the machine:

「もっとたくさん物語を書いて！」

"Write more stories!"

科学者が発明した機械は、物語を書く機械を発明しました。この新しい機械も人間が好きな物語を書くことができます。

The machine that she invented created another machine that writes stories. The new machine also writes stories that humans like.

科学者は、この新しい機械に頼んでみました。

The scientist asked the new machine.

「たくさん物語を書いて！」

"Please write more stories!"

でも、まだ2台の機械が物語を書くより科学者が物語を読むほうが速いです。

But **still** the scientist reads faster than the two machines write stories.

科学者が発明した機械は、また物語を書く機械を発明しました。今、科学者は物語を書く機械を3台も持っています。

And so, the machine that the scientist invented created another machine that produces stories. Now she has as many as three machines that write stories.

科学者はいつも新しい物語を読むことができるので、とても幸せです。

She can now read new stories **all the time**, so she is very happy.

要約／Summary

物語が大好きな科学者は、ある日、物語を書く機械を発明しました。その機械は人工知能を持っていて、人間が好きな物語をたくさん書きます。科学者はもっと物語を読みたいので、機械に「もっと物語を書いて」と言いました。その機械は、物語を書く機械を発明しました。でも、機械が物語を書くより科学者が物語を読むほうが速いです。その科学者が発明した機械はまた新しい物語を書く機械を発明しました。今、科学者は機械を3台も持っていて、いつも新しい物語を読むことができます。

A scientist who loves reading stories invented a machine that crafts stories. The machine has artificial intelligence and writes stories that humans like. Since she wanted to read more stories, the scientist said to the machine, "please write more stories!" So, the machine created another machine to generate stories. However, she reads stories faster than the machines write stories. So, the machine that the scientist created invented another machine to craft stories. Now that the scientist has three machines, she can enjoy reading new stories all the time.

単語リスト／Vocabulary List

- 物語 - **monogatari**: story
- 科学者 - **kagaku sha**: scientist
- 十冊 - **jussatsu**: ten books
- 小説 - **shoosetsu**: novel
- 読む - **yomu**: to read
- 一万冊 - **ichiman satsu**: - ten thousand books
- 新しい - **atarashii**: new
- 全部 - **zenbu**: all, whole
- 機械 - **kikai**: machine

- 発明する - **hatsumei suru**: to invent
- 人工知能 - **jinkoo chinoo**: artificial intelligence
- 人間 - **ningen**: human
- 喜ぶ - **yorokobu**: to be delighted
- もっと - **motto**: more
- まだ - **mada**: still, yet
- いつも - **itsumo**: always, all the time

hatsumei ka
inventor

44

問題／Questions

1. 科学者は、本が嫌いです。

   The scientist doesn't like books.

   a. はい
   b. いいえ

2. 科学者は、毎日、何冊本を読みますか？

   How many books does the scientist read a day?

   a. 一冊
   b. 五冊
   c. 十冊
   d. 十七冊

3. 物語を作る機械を発明して、科学者は...

   After inventing a machine that produces stories, the scientist...

   a. 小説家になった。
   b. 機械を売った。
   c. 満足した。
   d. また物語を書く機械を作った。

4. その機械は、女性が好きな物語を書く。

   The machine generates stories that women would like.

   a. はい
   b. いいえ

45

5. 科学者は、物語を作る機械をいくつ発明しましたか？

How many story-producing machines did the scientist invent?

a. 一台

b. 二台

c. 三台

d. 四台

答／Answers

1. B　いいえ
   False

2. C　十冊
   Ten

3. D　また物語を書く機械を作った。
   Invented another machine.

4. B　いいえ
   False

5. A　一台
   One

CHAPTER 5

幼馴染 - CHILDHOOD FRIENDS

リコとマイは幼馴染です。リコが三歳になったとき、リコの家族はマイの家の近くに引っ越しました。同い年のリコとマイは、すぐに仲良くなりました。

二人は同じ保育園に行き、同じ小学校に行きました。そして、小学校を卒業して、また同じ中学校に入学しました。

リコとマイはいつも一緒でした。家が近いので、リコとマイはいつも一緒に遊びました。

でも、二人は中学校を卒業して、違う高校に入学しました。違う高校に入学したけれど、マイとリコはいつも一緒でした。家で一緒に宿題をしたり、ビデオゲームをしたり、流行りのレストランに行ったり、高校の同級生について話したりしました。

二人は高校を卒業しました。リコは看護師の専門学校に進学して、マイは違う町にある大学に進学しました。

リコとマイはだんだん会わなくなりました。そして、マイが一年間オーストラリアに留学して、話さなくなりました。

リコは、今、**病院**で働いています。仕事の**昼休み**に、リコはフェイスブックでマイの**写真**を見つけました。

「マイは今、何をしているんだろう？」

マイは、東京にある大きな**会社**で働いていて、**彼氏**がいるみたいです。

リコはマイにメッセージを送りました。

「マイ、元気？**久**しぶり！マイが東京から帰ってきたとき、会いたいな」

その日の夜、マイから**電話**がかかってきました。

「リコ、元気？メッセージありがとう」

二人は、たくさん話をしました。そして、マイは言いました。

「**仕事**がとても忙しいの。そして、**彼氏**と**ケンカをした**の」

マイはそう言って、泣いてしまいました。リコはとても悲しくなりました。

次の日、リコはマイにメッセージを送りました。

「今度、東京に行きたいな。**すごくマイに会いたい！**」

マイからすぐに**返事**がきました。

「**もちろん！**」

幼馴染 - Childhood Friends
With English Translation

リコとマイは幼馴染です。リコが三歳になったとき、リコの家族はマイの家の近くに引っ越しました。同い年のリコとマイは、すぐに仲良くなりました。

Riko and Mai are **childhood friends**. When Riko turned three years old, her family **moved** near Mai's house. Riko and Mai, **being the same age**, quickly **became friends**.

二人は同じ保育園に行き、同じ小学校に行きました。そして、小学校を卒業して、また同じ中学校に入学しました。

They went to the same **nursery school** as well as the same **elementary school**. After **graduating** from the elementary school, they **entered** the same **junior high school**.

リコとマイはいつも一緒でした。家が近いので、リコとマイはいつも一緒に遊びました。

The two were always together. Since Riko and Mai lived close to each other, they always played together.

でも、二人は中学校を卒業して、違う高校に入学しました。

But after graduating from junior high school, they entered different **high schools**.

違う高校に入学したけれど、マイとリコはいつも一緒でした。家で一緒に宿題をしたり、ビデオゲームをしたり、流行りのレストランに行ったり、高校の同級生について話したりしました。

Although they entered different high schools, they were always together. They did **homework** together at home, played **video games**, went to **trendy** restaurants, and talked about their high school **classmates**.

二人は高校を卒業しました。リコは看護師の専門学校に進学して、マイは違う町にある大学に進学しました。

They graduated from high school. Riko **entered** a **vocational school** to become a **nurse**, and Mai went to a **university** in a different city.

リコとマイはだんだん会わなくなりました。そして、マイが一年間オーストラリアに留学して、話さなくなりました。

They stopped seeing each other **gradually**. Mai went to **study abroad** in **Australia** for one year, and they stopped talking to each other.

リコは、今、病院で働いています。仕事の昼休みに、リコはフェイスブックでマイの写真を見つけました。

Riko now works as a nurse at a **hospital**. **During the lunch break** at work, Riko **found** Mai's **pictures** on Facebook.

「マイは今、何をしているんだろう？」

"What does Mai do now?"

マイは、東京にある大きな会社で働いていて、彼氏がいるみたいです。

It looks like she works for a big **firm** in Tokyo and she has a **boyfriend**.

リコはマイにメッセージを送りました。

Riko sent a message to Mai.

「マイ、元気？久しぶり！マイが東京から帰ってきたとき、会いたいな」

"Mai, how are you? **It's been a long time**! I would love to see you when you come back home from Tokyo next time."

その日の夜、マイから電話がかかってきました。

That night, Riko **received a phone call** from Mai.

「リコ、元気？メッセージありがとう」

"Riko, how are you? Thanks for the message."

二人は、たくさん話をしました。そして、マイは言いました。

They talked a lot. Then, Mai said,

「仕事がとても忙しいの。そして、彼氏とケンカをしたの」

"It's been very busy at work. Also, I **had a fight** with my boyfriend."

マイはそう言って、泣いてしまいました。リコはとても悲しくなりました。

Mai just said so and cried. Then, Riko became very sad.

次の日、リコはマイにメッセージを送りました。

On the next day, Riko sent a message to Mai.

「今度、東京に行きたいな。すごくマイに会いたい！」

"I want to go to Tokyo soon. I **really** want to see you, Mai!"

マイからすぐに返事がきました。

She received a **reply** from Mai right away.

「もちろん！」

"**Of course**!"

要約／Summary

リコとマイは幼馴染です。二人は同じ保育園、同じ小学校、同じ中学校に行きました。リコとマイはいつも一緒でした。しかし、二人は違う高校に行きました。そして、リコは専門学校に行き、マイは違う町にある大学に行きました。そして、マイがオーストラリアに留学に行って、二人は話さなくなりました。ある日、リコはマイにメッセージを送りました。そして、マイから電話がきて、二人はたくさん話しました。でも、マイは電話で泣いてしまい、リコはとても悲しくなりました。次の日、リコはマイに東京に行って、マイに会いたいと言いました。

Riko and Mai are childhood friends. They went to the same nursery school, the same elementary school, and also the same junior high school. They were always together. But they went to different high schools. After that, Riko went to a vocational school and Mai went to a university in a different city. Mai also went to study abroad in Australia, and then they stopped talking to each other. One day, Riko sent a message to Mai. Riko received a phone call from her and they talked a lot. However, Mai cried over the phone and Riko became really sad. The following day, Riko told Mai that she wanted to go to Tokyo and see her.

単語リスト／Vocabulary List

- 幼馴染 - **osananajimi**: childhood friend(s)
- 引っ越す - **hikkosu**: to move
- 同い年 - **onai doshi**: the same age
- 仲良くなる - **nakayoku naru**: to become friends
- 保育園 - **hoikuen**: nursery school
- 小学校 - **shoogakkoo**: elementary school
- 中学校 - **chuugakkoo**: junior high school
- 高校 - **kookoo**: high school
- 入学 - **nyuugaku**: to enter (a school)
- 卒業 - **sotsugyoo**: to graduate from (a school)
- 専門学校 - **senmon gakkou**: vocational school
- 大学 - **daigaku**: university
- けれど - **keredo**: although/though

- 宿題 - **shukudai**: homework
- ビデオゲーム - **bideo geemu**: video game
- 流行りの - **hayarino**: trendy
- 同級生 - **dookyuusee**: classmate
- 看護師 - **kangoshi**: nurse
- だんだん - **dandan**: gradually
- オーストラリア - **oosutoraria**: Australia
- 留学 - **ryuugaku**: study abroad
- 病院 - **byooin**: hospital
- 昼休み - **hiruyasumi**: lunch break
- フェイスブック - **feisubukku**: Facebook
- 写真 - **shashin**: picure
- 見つける - **mitsukeru**: to find
- 会社 - **kaisha**: firm, company
- 彼氏 - **kareshi**: boyfriend

54

- 思い出す - **omoidasu**: to remember
- 久しぶり - **hisashiburi**: "long time no see you", after a long time
- 電話がかかる - **denwa ga kakaru**: to receive a phone call
- 仕事 - **shigoto**: work
- ケンカをする - **kenka wo suru**: to have a fight
- 返事 - **henji**: reply
- もちろん - **mochiron**: of course

問題／Questions

1. マイの家族はリコの家の近くに引っ越した。

   Mai's family moved near Riko's house.

   a. はい
   b. いいえ

2. 中学校を卒業して、リコとマイは...

   After graduating from junior high school, Riko and Mai...

   a. よく一緒に遊んだ。
   b. 会わなくなった。
   c. 同じ高校に入学した。
   d. 違う町に引っ越した。

3. マイはどこへ留学しましたか？

   Where did Mai go to study abroad?

   a. イタリア
   b. カナダ
   c. オーストラリア
   d. フランス

4. マイは、東京でとても幸せだ。

   Mai was living a very happy life in Tokyo.

   a. はい
   b. いいえ

5. リコは東京に行って、マイに会いたくなった。

   Riko wanted to go to Tokyo and see Mai.

   a. はい
   b. いいえ

答／Answers

1. B いいえ
   False

2. A よく一緒に遊んだ。
   Often played together.

3. C オーストラリア
   Australia

4. B いいえ
   False

5. A はい
   True

CHAPTER 6

エレベーター – ELEVATOR

このショッピングモールには、お客さんがたくさんいます。スーツをきた女の人とニット帽をかぶった女の子がエレベーターに乗っています。

エレベーターが突然止まって、電気が消えました。

女性はエレベーターのボタンを全部押しました。でも、ドアは開きませんでした。緊急ボタンも押しました。でも、誰も答えませんでした。

女性は携帯電話をかばんから出して、電話をかけました。

「おつかれさまです。警察署の田村です。今、ショッピングモールのエレベーターの中にいます。でも、エレベーターが止まって動きません。少し遅くなります」

「事件ですか?」と、女の子は聞きました。

「ああ、はい、そうです。でも、心配しないでください。ただのスリです」と、女性は言いました。

女の子は「ごくろうさまです」と言いました。

そして、すぐに電気がついて、エレベーターが動きました。

女性が「何階ですか?」と聞きました。女の子は「二階です」と言いました。

二階に着くと、女の子は「さようなら」と言って、エレベーターを降りました。女性がスーツのポケットに手を入れると、女性の携帯電話と財布がありませんでした。

女性が女の子に「待ちなさい!」と言ったとき、エレベーターのドアが閉まりました。

女の子は笑って手を振りました。

エレベーター – Elevator
With English Translations

このショッピングモールには、お客さんがたくさんいます。スーツをきた女の人とニット帽をかぶった女の子がエレベーターに乗っています。

There are many customers at this **shopping mall**. In this elevator, there are a woman wearing a **suit** and a **girl** wearing a **winter hat**.

エレベーターが突然止まって、電気が消えました。

The elevator suddenly **stopped** and all the **lights went off**.

女性はエレベーターのボタンを全部押しました。でも、ドアは開きませんでした。緊急ボタンも押しました。でも、誰も答えませんでした。

The woman **pressed** all the **buttons**, but the door did not open. Then she pushed the **emergency** button, but **no one** answered her call.

女性は携帯電話をかばんから出して、電話をかけました。「おつかれさまです。警察署の田村です。今、ショッピングモールのエレベーターの中にいます。でも、エレベーターが止まって動きません。少し遅くなります」

She took out her cellphone and made a phone call: "**Hi**, this is Tamura from the **police station**. I'm inside an elevator in the shopping mall, but the elevator just stopped and is not moving. So, I'll **be a little late**."

「事件ですか？」と、女の子は聞きました。

The girl asked, "Is there a **case**?"

「ああ、はい、そうです。でも、**心配しないでください**。ただの**スリ**です」と、女性は言いました。

The woman said, "Oh, yeah, there was an incident. But **don't worry**. It's just a **pickpocket**."

女の子は「ごくろうさまです」と言いました。

The girl said, "**I appreciate all your hard work**."

そして、すぐに電気がついて、エレベーターが**動きました**。

Soon, the lights came back on and the elevator **moved** again.

女性が「何階ですか？」と聞きました。女の子は「二階です」と言いました。

The woman asked, "Which **floor** are you going to?" and the girl responded, "Second floor."

二階に着くと、女の子は「さようなら」と言って、エレベーターを**降りました**。女性がスーツのポケットに手を入れると、女性の携帯電話と**財布**がありませんでした。

When they got to the second floor, the girl said goodbye and **got off** the elevator. Putting her hands into her pockets, the woman realized that her cellphone and **wallet** were gone.

女性が女の子に「待ちなさい！」と言ったとき、エレベーターのドアが閉まりました。

When the woman said to the girl "Wait!" the door just closed.

女の子は笑って手を振りました。

The girl just smiled and waved her hand.

要約／Summary

スーツを着た女の人とニット帽をかぶった女の子が一緒にショッピングモールのエレベーターに乗っていました。女性は、女の子にショッピングモールでスリがあったと話しました。二階に着くと、女の子はエレベーターを降りました。そして、女性がスーツのポケットに手を入れると、携帯電話と財布がありませんでした。

At a shopping mall, a woman wearing a suit and a girl wearing a winter hat were taking the elevator together. The woman told the girl that there had been pickpocket incidents in the shopping mall. When they got to the second floor, the girl got off the elevator. Then the woman put her hands into her pockets and realized that her cellphone and wallet were gone.

単語リスト／Vocabulary List

- ショッピングモール - **shoppingu mooru**: shopping mall
- 客 - **kyaku**: shopper, customer
- ニット帽 - **nitto boo**: winter hat
- 止まる - **tomaru**: to stop
- 電気 - **denki**: light, electricity
- 消える - **kieru**: to go off, to disappear
- ボタン - **botan**: button
- 押す - **osu**: to press, to push
- 緊急 - **kinkyuu**: emergency
- 誰も - **daremo**: no one
- おつかれさまです - **otsukare sama desu**: thank you for your hard work
- 警察署 - **keisatsu sho**: police station
- 遅くなる - **osoku naru**: to be late
- 事件 - **jiken**: incident, criminal case
- 心配 - **shinpai**: worry, concern
- 心配しないで - **shinpai shinaide**: don't worry
- スリ - **suri**: pickpocket, pickpocketing
- ごくろうさまです - **gokuroo sama desu**: thank you for your hard work
- 動く - **ugoku**: to move
- 階 - **kai**: floor
- 降りる - **oriru**: to get off, to get out
- 財布 - **saifu**: wallet

64

問題／Questions

1. 女の子は...

   The girl was...

   a. スーツを着ていた
   b. 背が低かった
   c. ニット帽をかぶっていた
   d. 泣いていた

2. 女性は...

   The woman was...

   a. 警察官
   b. 女の子のお母さん
   c. お店の人
   d. 電気をつけた

3. エレベーターは動きましたか？

   Did the elevator move again?

   a. はい
   b. いいえ

4. 女の子は、何階で降りましたか？

   On which floor did the girl get off the elevator?

   a. 一階
   b. 二階
   c. 四階
   d. 八階

5. ショッピングモールでは...

   At the shopping mall, there was...

   a. お客さんが少なかった

   b. 階段がなかった

   c. 子どもがたくさんいた

   d. 事件があった

答／Answers

1. C ニット帽をかぶっている
   Wearing a winter hat.

2. A 警察官
   A police officer

3. A はい
   True

4. B 二階
   Second floor

5. D 事件があった
   There was an incident

CHAPTER 7

趣味 - HOBBY

「趣味はなんですか？」

ぼくは彼女がほしいので、マッチングアプリに登録しました。だから、最近、この質問をたくさんします。

女の子に会うとき、ぼくはいつも「趣味はなんですか？」と聞きます。女の子が「私はボーリングが趣味です」と答えると、ぼくも「そうですか。ぼくもボーリングが趣味です。一緒にボーリングに行きませんか？」と言って、デートにさそいます。

そして、たくさんボーリングを練習します。

また違う女の子にも「趣味はなんですか？」と聞いて、その女の子が「私は料理が好きです」と答えると、ぼくも「そうですか。ぼくも料理が趣味です。一緒に料理教室に行きませんか？」とデートにさそいます。

そして、一生懸命、料理を練習します。

デートは毎回楽しいです。でも、まだ彼女はいません。

ぼくは、今日もマッチングアプリを見ました。可愛い女の子を見つけたので、メッセージを送りました。

「こんにちは。趣味はなんですか?」

すると、女の子は言いました。

「私の趣味は、なんだろう?とくに趣味はありません。あなたの趣味はなんですか?」

ぼくは、いつも女の子の好きなことを好きだと言うので、困りました。

ぼくの趣味はなんだろう?ぼくは自分の趣味がよくわかりません。

五分考えて、ぼくは言いました。

「ぼくは自分の趣味がわかりません」と、正直に答えました。

女の子からメッセージが来ました。

「私も自分の趣味がわかりません。気が合いそうですね。今度、会いませんか?」

ぼくはびっくりしました。この女の子はうそをついているのかな?でも、会いたいな。

そして、ぼくは「ぜひ、デートしましょう」とメッセージを送りました。

趣味 - Hobby
With English Translation

「趣味はなんですか?」

"What's your **hobby**?"

ぼくは彼女がほしいので、マッチングアプリに登録しました。だから、最近、この質問をたくさんします。

Since I want a **girlfriend**, I **signed up** on a **dating app**. So, I've recently asked this **question** a lot.

女の子に会うとき、ぼくはいつも「趣味はなんですか?」と聞きます。女の子が「私はボーリングが趣味です」と答えると、ぼくも「そうですか。ぼくもボーリングが趣味です。一緒にボーリングに行きませんか?」と言って、デートにさそいます。

When I see a girl, I always ask this question: "What's your hobby?" If the girl **answered** saying "My hobby is **bowling**," I say "**Really**, my hobby is also bowling. Can we go bowling together?" and then **ask** her **out** on a **date**.

そして、たくさんボーリングを練習します。

Then I **practice** bowling **a lot**.

また違う女の子にも「趣味はなんですか?」と聞いて、その女の子が「私は料理が好きです」と答えると、ぼくも「そうですか。ぼくも料理が趣味です。一緒に料理教室に行きませんか?」とデートにさそいます。

I ask another girl "What's your hobby?" If she responded saying "I like **cooking**", I ask her out, saying "**Wow**! My hobby is also cooking. Can we go to a **cooking class** together?"

そして、一生懸命、料理を練習します。

And then, I practice cooking **very hard**.

デートは毎回楽しいです。でも、**まだ**彼女はいません。

Dating is fun **every time**. But I do not have a girlfriend **yet**.

ぼくは、今日もマッチングアプリを見ました。可愛い女の子を見つけたので、メッセージを送りました。

Today, I opened the dating app again. I found a cute girl, so I sent her a message.

「こんにちは。趣味はなんですか？」

"Hello. What's your hobby?"

すると、女の子は言いました。

Then she said,

「私の趣味は、なんだろう？とくに趣味はありません。あなたの趣味はなんですか？」

"My hobby... What is it? I don't have a hobby. What is your hobby?"

ぼくは、いつも女の子の好きなことを好きだと言うので、困りました。

Since I always just repeat what girls say, I am now stumped.

ぼくの趣味はなんだろう？ぼくは自分の趣味がよくわかりません。

71

What is my hobby? I don't know what my hobby is.

五分考えて、ぼくは言いました。

After thinking for 5 minutes, I replied.

「ぼくは自分の趣味がわかりません」と、正直に答えました。

"I really don't know what my hobby is." I answered to her question **up-front**.

女の子からメッセージが来ました。

She replied.

「私も自分の趣味がわかりません。気が合いそうですね。今度、会いませんか?」

"Me too. It sounds like we might **get along well**. Why don't we meet up **soon**?"

ぼくはびっくりしました。この女の子はうそをついているのかな?でも、会いたいな。

I got surprised. Is she **lying** to me? But I want to see her in person.

そして、ぼくは「ぜひ、デートしましょう」とメッセージを送りました。

Then, I replied to her, saying "**Definitely**, let's go on a date."

要約／Summary

最近、ぼくはマッチングアプリに登録しました。女の子にいつも同じ質問をします。「趣味はなんですか？」ぼくは、いつも女の子が好きなことを好きだと言います。デートはいつも楽しいけれど、彼女はまだいません。ある日、マッチングアプリでかわいい女の子を見つけました。その女の子にメッセージを送ると、女の子はぼくに「趣味はなんですか？」と聞きました。ぼくは、「自分の趣味がよくわかりません」と正直に答えました。すると、女の子は「気が合いそうですね。会いませんか？」と言いました。

I recently signed up on a dating app. I always ask the same question to girls: "What's your hobby?" Then I just repeat what they say. Dating is always fun, but I still don't have a girlfriend. One day, I found a cute girl and sent her a message on the dating app. Then she asked me this question: "What's your hobby?" So, I responded to her honestly saying "I don't really know what my hobby is." Then, she said that we might get along well and wanted to see me in person.

単語リスト／Vocabulary List

- 趣味 - **shumi**: hobby
- 質問 - **shitsumon**: question
- 彼女 - **kanojo**: girlfriend
- マッチングアプリ - **macchingu apuri**: dating app
- 登録する - **tooroku suru**: to sign up
- 聞く - **kiku**: to ask
- ボーリング - **booringu**: bowling
- 答える - **kotaeru**: to answer, to respond
- そうですか - **soodesuka**: really, I see, that's right
- デート - **deeto**: date
- さそう - **sasou**: to invite, to ask out (someone)
- 練習する - **renshuu suru**: to practice
- たくさん - **takusan**: a lot

- 料理 - **ryoori**: cooking
- 料理教室 - **ryoori kyooshitsu**: cooking class
- 一生懸命 - **isshoo kenmei**: very hard, with utmost effort
- 毎回 - **maikai**: every time
- 気が合う - **ki ga au**: to get along (with someone)
- 今度 - **kondo**: soon, next time
- まだ - **mada**: yet
- 正直に - **shoojikini**: honestly, up-front
- ひょっとして - **hyottoshite**: possibly, perhaps
- うそをつく - **uso wo tsuku**: to tell a lie
- ぜひ - **zehi**: definitely, certainly, "Please"

1. 「ぼく」は趣味がある
   I have a hobby.

   a. はい
   b. いいえ

2. 「ぼく」はマッチングアプリをずっと使っている。
   I have been using a dating app for a long time.

   a. はい
   b. いいえ

3. 「ぼく」はマッチングアプリに登録してから...
   Since I signed up on the dating app...

   a. デートをした。
   b. 彼女ができた。
   c. 趣味ができた。
   d. ピアノがうまくなった。

4. 「ぼく」の趣味は...
   My hobby is...

   a. 料理すること。
   b. 歌うこと。
   c. 映画を見ること。
   d. わからない。

5. 「ぼく」はボーリングが好きだ。
   I like bowling.

   a. はい
   b. いいえ

答／Answers

こたえ

1. B いいえ
   False

2. B いいえ
   False

3. A デートをした。
   I went on a date.

4. D わからない。
   I don't know.

5. B いいえ
   False

CHAPTER 8

働き者 - HARD WORKER

このスーパーには、とても真面目で働き者の店員がいます。この店員は、このスーパーがとても好きです。だから、毎日、一生懸命働きます。

でも、この店員には一つだけ不満があります。このスーパーの店長が優しすぎることです。

店長はいつも「いいよ」と言います。ある店員が遅刻したとき、店長は「いいよ」と言いました。そして、他の店員が値段を間違えたときも「いいよ」と言いました。

ある日、真面目な店員は店長に言いました。

「店長は、優しすぎると思います。もっと厳しくなった方がいいと思います」

店長はうなずいて、「そうだね。これからはもう少し厳しくなるね」と答えました。

一週間後、真面目な店員は風邪をひきました。熱があって、頭が痛いので、店長に電話をかけました。「おはようございます。風邪をひいたので、今日は仕事を休んでもいいですか?」と聞きました。

すると、店長は「風邪で休んではいけません。私は厳しい店長ですから」と答えました。

店員は一週間前に言ったことを**後悔**して「わかりました、これからスーパーに行きます」と言いました。

働き者 - Hard Worker
With English Translation

このスーパーには、とても真面目で働き者の店員がいます。この店員は、このスーパーがとても好きです。だから、毎日、一生懸命働きます。

At this **supermarket**, there is a clerk who is very **diligent** and **hard-working**. He really likes this supermarket, so he works very hard every day.

でも、この店員には一つだけ不満があります。このスーパーの店長が優しすぎることです。

But there is one thing he is **unhappy** with: the **store manager** is **too** nice.

店長はいつも「いいよ」と言います。ある店員が遅刻したとき、店長は「いいよ」と言いました。そして、他の店員が値段を間違えたときも「いいよ」と言いました。

The store manager always says "Okay." When a store clerk **came in late**, she just said "It's okay." When another store clerk **made a mistake** and put a wrong **price** on a product, the manager just said "It's okay."

ある日、真面目な店員は店長に言いました。

One day, this hard-working clerk told his manager.

「店長は、優しすぎると思います。もっと厳しくなった方がいいと思います」

"I think you are too nice. I think you should be much **stricter**."

店長はうなずいて、「そうだね。**これからは**もう少し厳しくなるね」と答えました。

The store manager **nodded** and responded, "I think you're right. I will be stricter **from now on**."

一週間後、真面目な店員は風邪をひきました。熱があって、頭が痛いので、店長に電話をかけました。「おはようございます。風邪をひいたので、今日は仕事を休んでもいいですか?」と聞きました。

One week later, the hard-working clerk **got a cold**. He had a **fever** and a **headache**, so he **called** his manager: "Good morning. I've got a cold. Would it be okay if I **take the day off** today?"

すると、店長は「風邪で休んではいけません。私は厳しい店長ですから」と答えました。

She then answered, "You should not take a day off just because you have a cold. I am now strict, you know."

店員は一週間前に言ったことを後悔して「わかりました、これからスーパーに行きます」と言いました。

Now regretting what he had said a week earlier, he said, "That's true. I'm coming to the supermarket soon."

あるスーパーに、とても真面目で働き者の店員がいます。その店員には一つだけ不満なことがありました。ある日、その店員は店長に「店長は優しすぎると思います」と言いました。店長は「厳しいリーダーになるよ」と言いました。一週間後、その店員は風邪をひいたので、店長に電話をして、「仕事を休んでもいいですか？」と聞きました。すると、店長は「風邪で休んではいけません」と答えました。そして、店員は一週間前に言ったことを後悔しました。

There is a very diligent and hard-working clerk at this supermarket. There is one thing he was unhappy with. One day, he told his store manager that he thought she was too kind. The manager said that she would be stricter. One week later, the supermarket clerk got a cold, so he called the manager and asked if he could take the day off. She then answered, "You should not take a day off just because you have a cold." He now regretted what he said to her a week earlier.

単語リスト／Vocabulary List

- スーパー - **suupaa**: supermarket
- 真面目 - **majime**: diligent, serious
- 働き者 - **hataraki mono**: hard-working person
- 店員 - **ten'in**: store clerk, store employee
- 不満 - **fuman**: discontent
- 店長 - **tenchoo**: store manager, store owner
- すぎる - **sugiru**: too much
- 遅刻する - **chikoku suru**: to come in late
- 間違える - **machigaeru**: to make a mistake
- 値段 - **nedan**: price
- 厳しい - **kibishii**: strict
- うなずく - **unazuku**: to nod
- これからは - **korekara wa**: from now on
- リーダー - **riidaa**: leader
- 風邪をひく - **kaze wo hiku**: to catch a cold
- 熱 - **netsu**: fever
- 頭が痛い - **atama ga itai**: headache
- 電話をかける - **denwa wo kakeru**: to make a phone call
- 休む - **yasumu**: to take a day off, to take a break
- 後悔する - **kookai suru**: to regret

問題／Questions

1. 働き者の店員は、どこで働いていますか？
    Where does the hard-working employee work?

    a. コンビニ
    b. デパート
    c. スーパー
    d. レストラン

2. 働き者の店員は、スーパーが嫌いです。
    The hard-working employee does not like the supermarket.

    a. はい
    b. いいえ

3. 働き者の店員は、何が不満でしたか？
    What was the diligent employee unhappy about?

    a. 店長が優しすぎること。
    b. 商品が高いこと。
    c. お客さんが少ないこと。
    d. スーパーが有名じゃないこと。

4. 働き者の店員と話をした、店長は...
    After talking to the diligent employee, the manager...

    a. 怒った。
    b. 楽しいリーダーになった。
    c. 驚いた。
    d. 厳しいリーダーになった。

5. 働き者の店員は風邪をひいて、お腹が痛くなった。

The hard-working employee caught a cold and had a stomachache.

    a. はい

    b. いいえ

答／Answers

1. C スーパー
   Supermarket

2. B いいえ
   False

3. A 店長が優しすぎること。
   The store manager was too kind.

4. D 厳しいリーダーになった。
   Became a strict leader.

5. B いいえ
   False

CHAPTER 9

夢 - DREAM

コウタは、十八歳になりました。

コウタは料理をするのが好きなので、寿司屋で働いています。コウタの夢は、いつか自分の店を持つことです。

コウタはこの寿司屋で一年も働いています。でも、まだ寿司を握ったことがありません。

コウタは料理長に「寿司を握りたいです」と言いました。

料理長は「まだ寿司を握ってはいけない」と言いました。

一ヵ月後、コウタは寿司屋をやめました。そして、コウタは漁師になりました。

二年経って、コウタは二十歳になりました。

コウタは立派な漁師になりました。コウタは、今、釣った魚を切って、寿司を握ることができます。

コウタは海がとても好きです。海には色んな生き物が住んでいます。

コウタは一度、イルカを見たことがあります。

コウタはベテランの漁師に「イルカについてもっと知りたいです」と言いました。

すると、ベテランの漁師は「大学で勉強しなくちゃいけない」と言いました。

半年後、コウタは漁師をやめて、大学に入りました。

それから九年経ちました。コウタは三十歳になりました。

コウタはイルカの研究者になりました。そして、時々外国に出張します。

色んな国に出張します。そして、外国に行くと色んな人に会います。

コウタは友達に「世界中を旅したい」と言いました。

五年後、コウタは研究者をやめました。コウタは船を買って、世界中を旅しました。そして、毎日日記を書いて、小説も書きました。

それから十五年経ちました。コウタは五十歳になりました。

コウタは今、インドネシアの隣にある島に住んでいます。

その島で、コウタは小さな寿司屋を始めました。そして、小説も書いています。

夢 - Dream
With English Translation

コウタは、十八歳になりました。

Kouta has turned **18 years old**.

コウタは料理をするのが好きなので、寿司屋で働いています。コウタの夢は、いつか自分の店を持つことです。

Since Kouta likes **cooking**, he works at a **sushi restaurant**. His **dream** is to have his own restaurant **someday**.

コウタはこの寿司屋で一年も働いています。でも、まだ寿司を握ったことがありません。

Kota has been working at this sushi restaurant for one year. But he hasn't **made** any sushi yet.

コウタは料理長に「寿司を握りたいです」と言いました。

Kouta said to the **head chef**, "I want to make sushi."

料理長は「まだ寿司を握ってはいけない」と言いました。

The head chef said to him, "You should not make any sushi yet."

一ヵ月後、コウタは寿司屋をやめました。そして、コウタは漁師になりました。

One month later, Kouta **quit** his job at the sushi restaurant. He then became a **fisherman**.

二年経って、コウタは二十歳になりました。

Two years have **passed**. Kouta has turned **20 years old**.

コウタは立派な漁師になりました。コウタは、今、釣った魚を切って、寿司を握ることができます。

Kouta has become a **great** fisherman. He can now cut fish that he caught and make sushi on his own.

コウタは海がとても好きです。海には色んな生き物が住んでいます。

Kota likes the **sea** very much. There are **various living things** in the ocean.

コウタは一度、イルカを見たことがあります。

Kouta has seen **dolphins once before**.

コウタはベテランの漁師に「イルカについてもっと知りたいです」と言いました。

Kouta said to an **experienced** fisherman, "I want to **know** more about dolphins."

すると、ベテランの漁師は「大学で勉強しなくちゃいけない」と言いました。

The fisherman told him, "You need to study at university."

半年後、コウタは漁師をやめて、大学に入りました。

Half a year later, Kouta quit his job as a fisherman and entered a university.

それから九年経ちました。コウタは三十歳になりました。

Nine years have passed. Kouta has turned **30 years old**.

89

コウタはイルカの研究者になりました。そして、時々外国に出張します。

Kouta has become a dolphin **researcher**. He sometimes **goes on business trips abroad**.

色んな国に出張します。そして、外国に行くと色んな人に会います。

Kota goes to various countries on a business trip. When he goes abroad, he meets up with many people.

コウタは友達に「世界中を旅したい」と言いました。

Kouta said to a friend, "I want to **travel around the world**."

五年後、コウタは研究者をやめました。コウタは船を買って、世界中を旅しました。そして、毎日日記を書いて、小説も書きました。

Five years later, Kouta quit his job as a researcher. He bought a **ship** and traveled around the world. He **kept** his **diary** and a **novel** every day.

それから十五年経ちました。コウタは五十歳になりました。

Fifteen years have passed. Kouta has turned **50 years old**.

コウタは今、インドネシアの隣にある島に住んでいます。

Kota now lives on an **island** next to **Indonesia**.

その島で、コウタは小さな寿司屋を始めました。そして、小説も書いています。

Kouta has opened a small sushi restaurant on this island. Also, he writes novels.

コウタは十八歳です。コウタの夢は、自分の寿司屋を持つことです。寿司屋で一年間働きました。でも、まだ寿司を握ることができません。だから、コウタは寿司屋をやめて、漁師になりました。コウタは二十歳になりました。コウタは海が大好きです。でも、イルカの研究がしたいので、漁師をやめて、大学に入って、イルカの研究者になりました。コウタは三十歳になりました。コウタは世界中を旅したいので、研究者をやめて、船を買って、世界中を旅しました。そしてコウタは五十歳になりました。コウタはやっと寿司屋を始めました。

Kouta is 18 years old. His dream is to have his own sushi restaurant. Although he has worked at a sushi restaurant for one year, Kouta can't make sushi. So, he quit his job at the sushi restaurant and became a fisherman. Kouta turned 20 years old. He really likes the sea. Kota now wanted to study about dolphins, so he quit his job as a fisherman, entered a university, and became a dolphin researcher. Kouta turned 30 years old. Kota now wanted to travel around the world, so he quit his job as a researcher, bought a ship, and traveled around the world. Kouta turned 50 years old. Kota finally started his own sushi restaurant.

単語リスト／Vocabulary List

- 十八歳 - **juu hassai**: 18 years old
- 寿司屋 - **sushi ya**: sushi restaurant
- 夢 - **yume**: dream
- いつか - **itsuka**: someday
- 料理をする - **ryoori wo suru**: to cook
- 握る - **nigiru**: to make (sushi), to grip
- 料理長 - **ryoori choo**: head chef
- やめる - **yameru**: to quit
- 漁師 - **ryooshi**: fisherman
- 経つ - **tatsu**: to pass
- 立派な - **rippa na**: great, fine, splendid
- 海 - **umi**: sea
- 色んな - **iron na**: various, different
- 生き物 - **ikimono**: living thing
- 一度 - **ichido**: once
- イルカ - **iruka**: dolphin
- ベテラン - **beteran**: person with a lot of experience
- 知る - **shiru**: to know
- 研究者 - **kenkyuusha**: researcher
- 外国 - **gaikoku**: abroad, overseas
- 出張する - **shucchoo suru**: to go on a business trip
- 世界中 - **sekai juu**: around the world
- 旅する - **tabi suru**: to travel
- 船 - **fune**: ship, boat
- 日記 - **nikki**: diary
- 小説 - **shoosetsu**: novel
- インドネシア - **indonesia**: Indonesia
- 島 - **shima**: island

問題／Questions

1. コウタが寿司屋で働くのは...

   Kouta works at a sushi restaurant because...

   a. お父さんが寿司屋の料理長だから。
   b. 魚に興味があるから。
   c. 掃除が好きだから。
   d. 料理が好きだから。

2. 何歳のときに、コウタは漁師になりましたか？

   How old was Kouta when he became a fisherman?

   a. 十八歳
   b. 二十歳
   c. 三十歳
   d. 三十八歳

3. コウタは漁師をやめて、大学にはいった。

   Kouta quit his job as a fisherman and entered a university.

   a. はい
   b. いいえ

4. コウタは、友達と一緒に船を買った。

   Kouta bought a ship with his friend.

   a. はい
   b. いいえ

5. 五十歳になった時、コウタは...

When he turned 50 years old, Kota...?

 a. 小説を読んでいる。

 b. 世界中を旅している。

 c. イルカの研究をしている。

 d. 寿司屋を始めた。

答／Answers

1. D 料理が好きだから。

   He likes cooking.

2. A 十八歳

   18 years old

3. A はい

   True

4. B いいえ

   False

5. D 寿司屋を始めた。

   Opened his own sushi restaurant.

CHAPTER 10
泣き虫 - CRYBABY

私は一度も泣いたことがありません。泣くことができないんです。

私の弟は小さいとき、とても泣き虫でした。私は泣くことができないので、弟がうらやましかったです。

弟が泣くと、私の両親は弟に優しくて、それがとてもうらやましかったです。

私もたくさん泣きたかったです。泣こうと思いました。でも、泣けませんでした。

色んな方法を試しました。

感動する映画を見てみました。

『トイストーリー』を見たり、『戦場のピアニスト』を見たり、『おくりびと』を見たりしました。

私の家族は、みんな泣いていました。でも、やっぱり私は泣けませんでした。

私は、玉ねぎをたくさん切ってみました。

お母さんは玉ねぎを切っているとき、たくさん泣きます。でも、やっぱり私は泣けません。

友達や家族の死も想像してみました。

例えば、夜、寝るときに、目を閉じて、おじいちゃんのお葬式を想像してみました。もちろん、このことはおじいちゃんには言ってはいけません。

私はおじいちゃんが大好きなので、とても悲しくなりました。でも、やっぱり泣けませんでした。

私は、どうしても泣けませんでした。弟は、「泣かない方がいいよ」と言いました。でも、私はどうしても泣いてみたいのです。

私は、神様にお願いしました。"一度だけ泣いてみたいです"すると、神様が「願いを叶えよう」と言いました。

そして、次の日、私は『トイストーリー』を見ました。そして、泣きました。玉ねぎを切ると、涙が出てきました。私はたくさん泣きました。

私はとても嬉しくて、またたくさん泣きました。涙がたくさん出てきました。

やっと泣けました。

嬉しいとき、悲しいとき、楽しいとき、怒ったとき、私はいつも泣きました。私は、世界で一番幸せな人になりました。

泣き虫 - Crybaby
With English Translation

私は一度も泣いたことがありません。泣くことができないんです。

I've never **cried** before, not even once. I can't cry.

私の弟は小さいとき、とても泣き虫でした。私は泣くことができないので、弟がうらやましかったです。

When my **little brother** was little, he was a **crybaby**. Since I couldn't cry, I **was jealous of** him.

弟が泣くと、私の両親は弟に優しくて、それがとてもうらやましかったです。

Whenever my little brother cried, my **parents** were very **nice** to him, and I was very envious of him.

私もたくさん泣きたかったです。泣こうと思いました。でも、泣けませんでした。

I wanted to cry a lot, too. I tried to cry, but I couldn't.

色んな方法を試しました。

I have **tried** many **ways**.

感動する映画を見てみました。

I tried watching **emotionally touching** films.

『トイストーリー』を見たり、『戦場のピアニスト』を見たり、『おくりびと』を見たりしました。

I watched "Toy Story," "The Pianist," and "Departures."

私の家族は、みんな泣いていました。でも、やっぱり私は泣けませんでした。

My family were **all** crying. But, **as expected**, I couldn't cry.

私は、玉ねぎをたくさん切ってみました。

I tired chopping lots of **onions**.

お母さんは玉ねぎを切っているとき、たくさん泣きます。でも、やっぱり私は泣けません。

When my mother is chopping onions, she cries a lot. As expected, I cannot cry.

友達や家族の死も想像してみました。

I tried **imagining** the **death** of a friend or a family member.

例えば、夜、寝るときに、目を閉じて、おじいちゃんのお葬式を想像してみました。もちろん、このことはおじいちゃんには言ってはいけません。

For example, I **closed** my eyes before **falling asleep** at night and tried to imagine **Grandpa's funeral**. Of course, I shouldn't tell this to my grandfather.

私はおじいちゃんが大好きなので、とても悲しくなりました。でも、やっぱり泣けませんでした。

I love my grandfather, so I got very **sad**. However, I couldn't cry, as expected.

私は、どうしても泣けませんでした。弟は、「泣かない方

がいいよ」と言いました。でも、私はどうしても泣いてみたいのです。

I couldn't cry **by any means**. My brother said "It's better not to cry." But I still want to cry somehow.

私は、神様にお願いしました。"一度だけ泣いてみたいです"

I **prayed to God**, "I want to cry, even just once."

すると、神様が「願いを叶えよう」と言いました。

Then God said, "I will **make your wish come true**."

そして、次の日、私は『トイストーリー』を見ました。そして、泣きました。玉ねぎを切ると、涙が出てきました。私はたくさん泣きました。

On the next day, I watched "Toy Story" and cried. I chopped an onion and **tears** fell down on my cheeks. I cried a lot.

私はとても嬉しくて、またたくさん泣きました。涙がたくさん出てきました。

I was very **happy**, and then I cried a lot again. More tears fell down.

やっと泣けました。

Finally, I did cry.

嬉しいとき、悲しいとき、楽しいとき、怒ったとき、私はいつも泣きました。私は、世界で一番幸せな人になりました。

When I was **happy**, sad, **delighted**, or **angry**, I always cried. I have become the **happiest** person in the world.

要約／Summary

私は泣いたことがありません。でも、私の弟は小さいとき、泣き虫でたくさん泣きました。色んな方法を試してみました。感動する映画を見たり、玉ねぎをたくさん切ったり、友達や家族の死を想像してみました。でも、泣くことができませんでした。ある日、神様に、「一度泣いてみたいです」と言いました。すると、神様が願いを叶えてくれました。映画を見たとき、玉ねぎを切ったとき、私は泣けました。今、私は泣くことができて、とても幸せです。

I've never cried before. But when my brother was small, he cried a lot. I have tried many ways: watching emotionally touching films, chopping lots of onions and imagining the death of a friend or family member. However, I couldn't cry. One day, I prayed to God, saying that I wanted to cry even just once. God answered and made my wish come true. Then, I cried when I watched touching films and also when I chopped onions. Now I am very happy since I can cry.

単語リスト／Vocabulary List

- 泣く - **naku**: to cry
- 弟 - **otooto**: younger brother
- 泣き虫 - **nakimushi**: crybaby
- 両親 - **ryooshin**: parents
- 優しい - **yasashii**: nice, kind
- うらやましい - **urayamashii**: envious, jealous
- 方法 - **hoohoo**: way, method
- 試す - **tamesu**: to try
- 感動する - **kandoo suru**: (emotionally) moving, touching
- みんな - **minna**: all, everyone
- やっぱり - **yappari**: as expected, after all
- 玉ねぎ - **tamanegi**: onion
- 死 - **shi**: death
- 想像する - **soozoo suru**: to imagine
- 例えば - **tatoeba**: for example
- 寝る - **neru**: to fall asleep
- 閉じる - **tojiru**: to close
- おじいちゃん - **ojiichan**: Grandpa
- お葬式 - **osooshiki**: funeral
- 悲しい - **kanashii**: sad
- どうしても - **dooshitemo**: by no means
- 神様 - **kamisama**: God
- お願いする - **onegai suru**: to pray
- 願いを叶える – **negai wo kanaeru**: to make one's wishes come true
- 涙 - **namida**: tears
- やっと - **yatto**: finally
- 嬉しい - **ureshii**: happy
- 楽しい - **tanoshii**: joyful
- 怒る - **okoru**: to get angry
- 幸せな - **shiawase na**: happy

問題／Questions

1. 弟は泣き虫だった。

   My little brother was a crybaby.

   a. はい
   b. いいえ

2. 私は何を試したことがありますか？

   Which method have I tried?

   a. 感動する音楽を聞く。
   b. 家族の死を想像する。
   c. 友達とケンカする。
   d. たくさん玉ねぎを食べる。

3. 私は誰にお願いしましたか？

   To whom did I pray?

   a. 弟
   b. お母さん
   c. 神様
   d. おじいちゃん

4. 私はおじいちゃんのお葬式を想像したとき、悲しくなら
   なかった。

   Imagining Grandpa's funeral did not make me sad.

   a. はい
   b. いいえ

5. 初_{はじ}めて泣_ないて、私_{わたし}は...

Having cried for the first time, I became...

  a. 悲_{かな}しくなった。

  b. うらやましくなった。

  c. 嬉_{うれ}しくなった。

  d. 怒_{おこ}った。

答／Answers

こたえ

1. A　はい

   True

2. B　家族の死を想像する。

   か　ぞ　く　　　　し　　　そうぞう

   Imagining a family member's death.

3. C　神様

   かみさま

   God.

4. B　いいえ

   False

5. C　嬉しくなった。

   うれ

   Happy.

CHAPTER 11
ある冬の朝 - A WINTER MORNING

ある冬の朝、私はコーヒーを飲んでいました。

ガタン！ベランダで大きな物音がしました。

「なんだろう？」と思いました。私はベランダに行き、窓を開けました。そこには小さな男が座っていました。

その男は私を見て、言いました。

「助けてください！」

「どうしたんですか？」と、私は聞きました。その男は「しっ！静かに」と言いました。

その男は「助けて！助けて！」と言っているので、私はアパートの中に入れてあげました。

その男は、「やつらが来る、やつらが来る」と言って、アパートに入ってきました。

「誰が来るんですか？」と聞いたけれど、答えてくれません。その男はとても小さかったので、スーツケースの中に隠しました。

そしてすぐに、アパートの玄関のベルが鳴りました。ドアを開けると、背が高くて大きな男が二人立っていました。

「どうしたんですか?」と私は聞きました。その二人の男は、何も言いませんでした。そして、アパートの中へ入ってきました。

その二人の男は、寝室、浴室、トイレ、台所、そして全ての部屋を確認しました。

私はもう一度、「何かあったんですか?」と聞きました。

すると、一人の男が「すみません、説明していませんでした。私たちは刑事です」と言いました。

「この建物に非常に危険な男がいます。この男は一人暮らしのお年寄りを狙います。

さっき、その男がこの建物にいたと電話がありました。

その男は一人暮らしのお年寄りからお金を盗むんです」

私は「その男はここにいます!」と言いました。

そして、私は急いでスーツケースを開けました。しかし、あの小さな男はいませんでした。

「この中にいたんです。まだこのアパートの中にいるかもしれません」

刑事は「気を付けてください」と言って、出ていきました。

ガタン!また大きな音がベランダでしました。

怖かったので、今度はベランダの鍵を閉めました。

ある冬の朝 - A Winter Morning
With English Translation

ある冬の朝、私はコーヒーを飲んでいました。

One **winter morning**, I was drinking a cup of coffee.

ガタン！ベランダで大きな物音がしました。

Rattle! There was a loud **noise** in the **balcony**.

「なんだろう？」と思いました。私はベランダに行き、窓を開けました。そこには小さな男が座っていました。

"What is it?" I thought. I went to the balcony and opened the **window**. There was a small man sitting there.

その男は私を見て、言いました。

He saw me and said,

「助けてください！」

"**Help**!"

「どうしたんですか？」と、私は聞きました。その男は「しっ！静かに」と言いました。

"What happened?" I asked him. "**Shh! Be quiet**" the man said.

その男は「助けて！助けて！」と言っているので、私はアパートの中に入れてあげました。

He kept saying "Help! Help!" so I **let** him **into** my apartment.

その男は、「やつらが来る、やつらが来る」と言って、アパートに入ってきました。

108

Saying "They're coming, they're coming!" the man came into my a`partment.

「誰が来るんですか？」と聞いたけれど、答えてくれません。その男はとても小さかったので、スーツケースの中に隠しました。

"Who's coming?" I asked, but the man didn't answer.   Since the man was very small, I **hid** him in my **suitcase**.

そしてすぐに、アパートの玄関のベルが鳴りました。ドアを開けると、背が高くて大きな男が二人立っていました。

Soon after that, the **doorbell** of my **apartment** rang. As I opened the door, there were two **tall** and big men standing.

「どうしたんですか？」と私は聞きました。その二人の男は、何も言いませんでした。そして、アパートの中へ入ってきました。

"What happened?" I asked. The two men said nothing and entered my apartment.

その二人の男は、寝室、浴室、トイレ、台所、そして全ての部屋を確認しました。

The two men **checked** every single **room** in my apartment, from my **bedroom** to the **bathroom** to the **toilet room** to **the kitchen**.

私はもう一度、「何かあったんですか？」と聞きました。

I asked **again**: "Did something happen?"

すると、一人の男が「すみません、説明していませんでした。私たちは刑事です」と言いました。

Then one of them said, "I'm sorry, we haven't **explained** yet. We're **detectives**."

「この建物に非常に危険な男がいます。この男は一人暮らしのお年寄りを狙います。

"There is a **very dangerous** man in this building right now. This man **targets elderly** people **who are living by themselves**.

さっき、その男がこの建物にいたと電話がありました。

We **got a call** that this man was in this building **just a little bit ago**.

その男は一人暮らしのお年寄りからお金を**盗む**んです」

The man **steals** money from elderly people.

私は「その男はここにいます！」と言いました。

"That man's here!" I said.

そして、私は急いでスーツケースを開けました。しかし、あの小さな男はいませんでした。

I opened the suitcase **in a hurry**, but the small man was not there anymore.

「この中にいたんです。まだこのアパートの中にいるかもしれません」

"He was in here. He might still be in this apartment."

刑事は「気を付けてください」と言って、出ていきました。

The detectives said, "Please be careful." And they took off.

ガタン！また大きな音がベランダでしました。

Rattle! There was a loud noise in the balcony again.

110

怖かったので、今度はベランダの鍵を閉めました。

This time, I was scared, so I **locked** the door.

<ruby>要約<rt>ようやく</rt></ruby>／Summary

ある<ruby>冬<rt>ふゆ</rt></ruby>の<ruby>朝<rt>あさ</rt></ruby>、ベランダで<ruby>大<rt>おお</rt></ruby>きな<ruby>音<rt>おと</rt></ruby>がしました。ベランダを<ruby>見<rt>み</rt></ruby>ると、<ruby>小<rt>ちい</rt></ruby>さな<ruby>男<rt>おとこ</rt></ruby>がいました。その<ruby>男<rt>おとこ</rt></ruby>は、「<ruby>助<rt>たす</rt></ruby>けて！」と<ruby>言<rt>い</rt></ruby>ったので、<ruby>私<rt>わたし</rt></ruby>はアパートの<ruby>中<rt>なか</rt></ruby>に<ruby>入<rt>い</rt></ruby>れて、その<ruby>男<rt>おとこ</rt></ruby>をスーツケースの<ruby>中<rt>なか</rt></ruby>に<ruby>隠<rt>かく</rt></ruby>しました。すると、すぐにアパートの<ruby>玄関<rt>げんかん</rt></ruby>のベルが<ruby>鳴<rt>な</rt></ruby>りました。ドアを<ruby>開<rt>あ</rt></ruby>けると、<ruby>背<rt>せ</rt></ruby>が<ruby>高<rt>たか</rt></ruby>い<ruby>男<rt>おとこ</rt></ruby>が<ruby>二人<rt>ふたり</rt></ruby><ruby>立<rt>た</rt></ruby>っていました。<ruby>二人<rt>ふたり</rt></ruby>は<ruby>全<rt>すべ</rt></ruby>ての<ruby>部屋<rt>へや</rt></ruby>を<ruby>確認<rt>かくにん</rt></ruby>して、「この<ruby>建物<rt>たてもの</rt></ruby>に<ruby>危険<rt>きけん</rt></ruby>な<ruby>男<rt>おとこ</rt></ruby>がいます」と<ruby>言<rt>い</rt></ruby>いました。<ruby>私<rt>わたし</rt></ruby>は「その<ruby>男<rt>おとこ</rt></ruby>は<ruby>部屋<rt>へや</rt></ruby>の<ruby>中<rt>なか</rt></ruby>にいます！」と<ruby>言<rt>い</rt></ruby>って、スーツケースを<ruby>開<rt>あ</rt></ruby>けました。でも、<ruby>小<rt>ちい</rt></ruby>さな<ruby>男<rt>おとこ</rt></ruby>はもういませんでした。<ruby>二人<rt>ふたり</rt></ruby>の<ruby>刑事<rt>けいじ</rt></ruby>は「<ruby>気<rt>き</rt></ruby>を<ruby>付<rt>つ</rt></ruby>けてください」と<ruby>言<rt>い</rt></ruby>って、<ruby>出<rt>で</rt></ruby>ていきました。すると、またベランダで<ruby>大<rt>おお</rt></ruby>きな<ruby>音<rt>おと</rt></ruby>がしました。<ruby>今度<rt>こんど</rt></ruby>は、ベランダの<ruby>鍵<rt>かぎ</rt></ruby>を<ruby>閉<rt>し</rt></ruby>めました。

One winter morning, there was a loud noise from the balcony. When I looked at the balcony, there was a small man there. The man said, "Help!", so I let him into my apartment and hid him in my suitcase. Soon after that, the doorbell of my apartment rang. When I opened the door, there were two tall men standing there. The two men checked the entire apartment and said there was a very dangerous man in this building. I said, "That man is in my apartment" and opened the suitcase, but the small man was not there anymore. The two detectives said, "Please be careful" and took off. There was a loud noise again from the balcony. This time, I locked the door.

単語リスト／Vocabulary List

- 冬 - **fuyu**: winter
- 朝 - **asa**: morning
- ガタン - **gatan**: rattle
- 物音 - **mono'oto**: noise
- ベランダ - **beranda**: balcony, porch
- 窓 - **mado**: window
- 座る - **suwaru**: to sit down
- 助けて - **tasukete**: help
- しっ - **shi**: shh
- 静かに - **shizuka ni**: be quiet
- 入れる - **ireru**: to let (something/someone) in
- スーツケース - **suutsukeesu**: suitcase
- 隠す - **kakusu**: to hide (something/someone)
- アパート - **apaato**: apartment
- 玄関 - **genkan**: doorway
- ベル - **beru**: bell
- 寝室 - **shinshitsu**: bedroom
- 浴室 - **yokushitsu**: bathroom
- トイレ - **toire**: toilet room
- 台所 - **daidokoro**: kitchen
- 部屋 - **heya**: room
- もう一度 - **moo ichido**: again, one more time
- 確認する - **kakunin suru**: to check
- 説明する - **setsumei suru**: to explain
- 刑事 - **keiji**: detective
- 非常に – **hijoo ni**: very
- 危険な - **kiken na**: dangerous
- 一人暮らし - **hitori gurashi**: living alone
- お年寄り - **otoshiyori**: elderly
- 狙う - **nerau**: to target
- さっき - **sakki**: just now
- 電話がある - **denwa ga aru**: to get a call
- 盗む - **nusumu**: to steal
- 急いで - **isoide**: in a hurry
- 鍵を閉める - **kagi wo shimeru**: to lock

問題／Questions

1. ある冬の朝、私は...
   One winter morning, I...

   a. 大きな物音を聞いた。
   b. 小さな男と友達になった。
   c. お茶を飲んだ。
   d. 買い物に行った。

2. 小さな男は、刑事だった。
   The small man was a detective.

   a. はい
   b. いいえ

3. 私は小さな男をどこに隠しましたか？
   Where did I hide the small man?

   a. 浴室
   b. ベランダ
   c. クローゼットの中
   d. スーツケースの中

4. 背が高く大きな二人の男は、小さな男を探していた。
   Two tall and large-framed men were looking for the small man.

   a. はい
   b. いいえ

114

5. 小_{ちい}さな男_{おとこ}は...

   The small man...

   a. お金_{かね}を盗_{ぬす}む。
   b. 一人暮_{ひとりぐ}らしをしている。
   c. 老人_{ろうじん}だった。
   d. 親切_{しんせつ}だった。

答／Answers

1. A 大きな物音を聞いた。
   Heard a loud noise.

2. B いいえ
   False

3. D スーツケースの中
   Inside a suitcase.

4. A はい
   True

5. A お金を盗む。
   Steals money.

CHAPTER 12

迷惑メール - SPAM EMAILS

「迷惑メールのフォルダーの中に一通のメールがあります」

私は、いつも迷惑メールはすぐに「ゴミ箱」へ捨てます。でも、今日は少し読みたくて、迷惑メールを開きました。

「明日、私の銀行口座に百万円を入れてください。百万円を入れないと、あなたの秘密をインターネットに公開します」

私は変なメールだと思いました。でも、返信してみようかな?

「メールを読みました。もう少し上手に書いた方がいいと思います。私は大学でライティングを教えています。ライティングを教えてあげますよ」

そして、すぐに返事がきました。

「ぼくは高校生です。将来、作家になりたいと思っています。迷惑メールは練習で、お金をもらえるので書いています。本当は、このアルバイトは好きじゃありません。どうか、ライティングを教えてくれませんか?」

迷惑なアルバイトだなと思いました。そして、すぐにやめた方がいいと思いました。

「わかりました。でも、まず、そのアルバイトをやめましょう。そのあとで、ライティングを教えてあげます」と返信しました。

迷惑メール - Spam Emails
With English Translation

「迷惑メールのフォルダーの中に一通のメールがあります」

"You have **one email** in the **spam folder**."

私は、いつも迷惑メールはすぐに「ゴミ箱」へ捨てます。でも、今日は少し読みたくて、迷惑メールを開きました。

I always **move** a junk email to **"Trash"** right away. However, I wanted to read it today so I opened it.

「明日、私の銀行口座に百万円を入れてください。百万円を入れないと、あなたの秘密をインターネットに公開します」

"**Deposit** one **million** yen in my **bank account** tomorrow. If you don't, I will **reveal** your **secrets** on the internet."

私は変なメールだと思いました。でも、返信してみようかな？

I thought this was a strange email. But I was wondering if I should **respond**.

「メールを読みました。もう少し上手に書いた方がいいと思います。私は大学でライティングを教えています。ライティングを教えてあげますよ」

"I read your email. I think you should write it a little better. I'm **teaching** writing techniques at a university. I can teach you how to write."

119

そして、すぐに返事がきました。

And then, I got a **reply** immediately.

「ぼくは高校生です。将来、作家になりたいと思っています。迷惑メールは練習で、お金をもらえるので書いています。

"I'm a **high school student**. I want to become a **writer** in the future. Writing spam emails is practice, and I write them since I get paid.

本当は、このアルバイトは好きじゃありません。どうか、ライティングを教えてくれませんか？」

To be honest, I don't like this **part-time job**. Would you **please** teach me how to write?"

迷惑なアルバイトだなと思いました。そして、すぐにやめた方がいいと思いました。

I thought it was an annoying part-time job. Also, I thought he should **quit** the job immediately.

「わかりました。でも、まず、そのアルバイトをやめましょう。そのあとで、ライティングを教えてあげます」と返信しました。

I replied, saying "I got it. But, first of all, you need to quit this part-time job. And then I'll teach you writing."

<ruby>要約<rt>ようやく</rt></ruby>／Summary

<ruby>私<rt>わたし</rt></ruby>はいつも<ruby>迷惑<rt>めいわく</rt></ruby>メールを「ゴミ<ruby>箱<rt>ばこ</rt></ruby>」に<ruby>入<rt>い</rt></ruby>れます。でも、<ruby>今日<rt>きょう</rt></ruby>は<ruby>読<rt>よ</rt></ruby>もうと<ruby>思<rt>おも</rt></ruby>いました。そして、<ruby>迷惑<rt>めいわく</rt></ruby>メールを<ruby>読<rt>よ</rt></ruby>んで<ruby>返信<rt>へんしん</rt></ruby>しました。「ライティングを<ruby>教<rt>おし</rt></ruby>えてあげますよ」すると、すぐに<ruby>返事<rt>へんじ</rt></ruby>がきました。<ruby>迷惑<rt>めいわく</rt></ruby>メールを<ruby>書<rt>か</rt></ruby>いていたのは<ruby>高校生<rt>こうこうせい</rt></ruby>で、<ruby>将来<rt>しょうらい</rt></ruby>は<ruby>作家<rt>さっか</rt></ruby>になりたいと<ruby>言<rt>い</rt></ruby>いました。<ruby>私<rt>わたし</rt></ruby>は、「ライティングを<ruby>教<rt>おし</rt></ruby>えてあげるので、<ruby>迷惑<rt>めいわく</rt></ruby>メールを<ruby>書<rt>か</rt></ruby>くアルバイトをやめましょう」と<ruby>返信<rt>へんしん</rt></ruby>しました。

I always move junk emails to "Trash." But I thought I would read one today. I read a spam email and replied to it: "I can teach you writing." Then, I got a reply immediately. The person who wrote the spam email was a high school student and he said he wanted to become a writer in the future. So, I replied to him saying that I would teach him writing but he should quit this part-time job.

単語リスト／Vocabulary List

- 迷惑メール - **meiwaku meeru**: junk email, spam email
- フォルダー - **forudaa**: folder
- 一通 - **ittsuu**: one letter, one email
- メール - **meeru**: email
- ゴミ箱 - **gomi bako**: trash can, dustbin
- 捨てる - **suteru**: to throw away
- 銀行口座 - **ginkoo kooza**: bank account
- 百万 - **hyaku man**: one million

- 秘密 - **himitsu**: a secret
- 公開する - **kookai suru**: to reveal, to make available to the public
- 教える - **oshieru**: to teach
- 返信する - **henshin suru**: to reply
- 高校生 - **kookoosee**: a high school student
- 作家 - **sakka**: writer
- アルバイト - **arubaito**: a part-time job
- どうか - **dooka**: please
- やめる - **yameru**: to quit

<u>問題</u>／Questions

1. 私はいつも迷惑メールを…

   I usually…

   a. 「受信ボックス」に入れる。

   b. 読む。

   c. 「ゴミ箱」に捨てる。

   d. 書く。

2. いくら銀行口座に入れてください、と書いてありましたか？

   In the email, how much money did he tell me to deposit in his bank account?

   a. 十万円

   b. 十万ドル

   c. 百万円

   d. 百万ドル

3. 迷惑メールを書いたのは…

   The person writing the spam email was…

   a. 大学の先生

   b. 高校生

   c. 作家

   d. 銀行員

4. 迷惑メールに返信すると、返事が来た。

   Since I replied to the spam email, I received a response.

   a. はい

   b. いいえ

5. 高校生は何をしたほうがいいですか？

   What should the high school student do?

   a. 迷惑メールを書く。

   b. 大学に行く。

   c. お金をもらう。

   d. 迷惑メールのバイトをやめる。

答／Answers

1. C 「ゴミ箱」に捨てる。

    Move junk emails to "Trash."

2. C 百万円

    One million yen

3. B 高校生

    A high school student

4. A はい

    True

5. D 迷惑メールのバイトをやめる。

    He should quit the part-time job to write spam emails.

CHAPTER 13
落とし物 - LOST ITEM

今日は歯医者の日だったので、隣町にある歯医者までバスで行かなくてはいけませんでした。マリはお昼ご飯を食べて家を出ました。少し前をおじいさんが歩いていました。

マリがバス停に着くと、前を歩いていたおじいさんが列に並んでいました。そして、マリはおじいさんの後ろに並びました。

そのおじいさんは、背が高く、髪が真っ白でした。そして、スーツを着て、帽子を被っていました。

マリは、「このおじいさんはどこへ行くんだろう？」と思いました。

ところが、おじいさんは突然列を離れて、どこかへ歩いていきました。その時、何かが地面に落ちました。

マリはそれを拾って、「落とし物です！」と言いました。でも、おじいさんはもういませんでした。

拾った物を見ると、それは指輪でした。すると、隣町に行くバスが来ました。

マリはとりあえずバスに乗って考えました。どうやってお

じいさんに指輪を返そうかな。歯医者さんにいるときも、指輪のことを考えていました。おじいさんは困っているかな？それとも泣いているかな？

夕方、マリはバスに乗って帰ってきて来ました。

マリが指輪を拾ったバス停で降りると、あのおじいさんがバス停のベンチに座っていました。

マリはおじいさんに「すみません」と言いました。「このバス停で指輪を落としませんでしたか？」

おじいさんは驚いてマリの顔を見ました。

「ここで、この指輪を拾ったんです」とマリは言いました。

すると、おじいさんは泣きました。

そして、「ありがとう」と言いました。

「これは、昔、恋人に買ってあげた指輪なんです。

その人は結婚していて、子どももいます。だから、私がこの指輪をずっと持っていました。

その人は、今、不幸にも病気で入院しています。あと一週間しか生きることができません。だから、今から病院に行って、この指輪をあげてきます」

そして、バスが来ました。おじいさんは、マリにもう一度「ありがとう」と言って、バスに乗りました。

落とし物 - Lost Item
With English Translation

今日は歯医者の日だったので、隣町にある歯医者までバスで行かなくてはいけませんでした。マリはお昼ご飯を食べて家を出ました。少し前をおじいさんが歩いていました。

Since it was the day of her **dentist** appointment, Mari had to go to a dentist in a **neighboring town** by **bus**. She had lunch at home and took off. There was an old man walking a little in front of her.

マリがバス停に着くと、前を歩いていたおじいさんが列に並んでいました。そして、マリはおじいさんの後ろに並びました。

When Mari **arrived** at the **bus stop**, that old man, who was walking in front of Mari, was **standing in line**. So, she stood in line **behind** him.

そのおじいさんは、背が高く、髪が真っ白でした。そして、スーツを着て、帽子を被っていました。

The old man was tall and had **white hair**. He was **wearing** a **suit** and a **hat**.

マリは、「このおじいさんはどこへ行くんだろう？」と思いました。

Mari wondered: "Where is this man headed to?"

ところが、おじいさんは突然列を離れて、どこかへ歩いていきました。その時、何かが地面に落ちました。

However, the old man **suddenly** left the line and **walked away**. And something **dropped** on the **ground**.

マリはそれを拾って、「落とし物です！」と言いました。でも、おじいさんはもういませんでした。

Mari picked it up right away and said "You **dropped something!**" But the old man was already gone.

拾った物を見ると、それは指輪でした。すると、隣町に行くバスが来ました。

Mari looked at the item that she just picked up-it was a **ring**. Then the bus headed for the neighboring town just arrived.

マリはとりあえずバスに乗って考えました。どうやっておじいさんに指輪を返そうかな。歯医者さんにいるときも、指輪のことを考えていました。おじいさんは困っているかな？それとも泣いているかな？

Mari hopped on the bus **for now** and thought about the ring. How can I **return** the ring to him? She was thinking about the ring even at the dentist. Was he now in trouble? Or, was he now crying?

夕方、マリはバスに乗って帰ってきて来ました。

In the **evening**, Mari came back by bus.

マリが指輪を拾ったバス停で降りると、あのおじいさんがバス停のベンチに座っていました。

When Mari **got off** the bus at the bus stop where she picked up the ring, there was that old man sitting on a **bench** there.

マリはおじいさんに「すみません」と言いました。「このバス停で指輪を落としませんでしたか？」

"Excuse me," said Mari. Then she asked, "Didn't you drop a ring at this bus stop?"

おじいさんは驚いてマリの顔を見ました。

He **got surprised** and looked at Mari.

「ここで、この指輪を拾ったんです」とマリは言いました。

She said to him, "I picked up this ring."

すると、おじいさんは泣きました。

The old man cried.

そして、「ありがとう」と言いました。

He then said "Thank you."

「これは、昔、恋人に買ってあげた指輪なんです。

"This is the ring I bought **a long time ago** for my lover.

その人は結婚していて、子どももいます。だから、私がこの指輪をずっと持っていました。

My love has been married and even has children. So, I have kept this ring **for a long time**.

その人は、今、不幸にも病気で入院しています。あと一週間しか生きることができません。だから、今から病院に行って、この指輪をあげてきます」

Unfortunately, my love is now sick and has been **in hospital**. She can only live one more week. I am going to the **hospital** and give her this ring."

そして、バスが来ました。おじいさんは、マリにもう一度「ありがとう」と言って、バスに乗りました。

The bus just arrived. The old man told Mari "Thank you" **one more time** and left on the bus.

<ruby>要約<rt>ようやく</rt></ruby>／Summary

マリは<ruby>隣町<rt>となりまち</rt></ruby>の<ruby>歯医者<rt>はいしゃ</rt></ruby>に<ruby>行<rt>い</rt></ruby>くので、バス<ruby>停<rt>てい</rt></ruby>に<ruby>行<rt>い</rt></ruby>きました。バス<ruby>停<rt>てい</rt></ruby>で、マリの<ruby>前<rt>まえ</rt></ruby>におじいさんが<ruby>並<rt>なら</rt></ruby>んでいました。おじいさんは<ruby>何<rt>なに</rt></ruby>かを<ruby>落<rt>お</rt></ruby>として、バス<ruby>停<rt>てい</rt></ruby>から<ruby>歩<rt>ある</rt></ruby>いて<ruby>行<rt>い</rt></ruby>ってしまいました。それは<ruby>指輪<rt>ゆびわ</rt></ruby>でした。マリが<ruby>指輪<rt>ゆびわ</rt></ruby>を<ruby>拾<rt>ひろ</rt></ruby>ったとき、おじいさんはもういませんでした。マリは<ruby>歯医者<rt>はいしゃ</rt></ruby>に<ruby>行<rt>い</rt></ruby>きましたが、<ruby>指輪<rt>ゆびわ</rt></ruby>のことを<ruby>考<rt>かんが</rt></ruby>えていました。<ruby>夕方<rt>ゆうがた</rt></ruby>、マリはバスに<ruby>乗<rt>の</rt></ruby>って<ruby>帰<rt>かえ</rt></ruby>ってきました。<ruby>指輪<rt>ゆびわ</rt></ruby>を<ruby>拾<rt>ひろ</rt></ruby>ったバス<ruby>停<rt>てい</rt></ruby>で<ruby>降<rt>お</rt></ruby>りると、あのおじいさんがバス<ruby>停<rt>てい</rt></ruby>のベンチに<ruby>座<rt>すわ</rt></ruby>っていました。マリはおじいさんに「<ruby>指輪<rt>ゆびわ</rt></ruby>を<ruby>落<rt>お</rt></ruby>としませんでしたか？」と<ruby>聞<rt>き</rt></ruby>きました。おじいさんは<ruby>泣<rt>な</rt></ruby>いて「ありがとう」と<ruby>言<rt>い</rt></ruby>いました。おじいさんは、<ruby>指輪<rt>ゆびわ</rt></ruby>は<ruby>恋人<rt>こいびと</rt></ruby>のために<ruby>買<rt>か</rt></ruby>ったと<ruby>言<rt>い</rt></ruby>いました。でも、その<ruby>恋人<rt>こいびと</rt></ruby>は、<ruby>今<rt>いま</rt></ruby>、<ruby>病院<rt>びょういん</rt></ruby>に<ruby>入院<rt>にゅういん</rt></ruby>しています。おじいさんは「<ruby>病院<rt>びょういん</rt></ruby>に<ruby>行<rt>い</rt></ruby>って、<ruby>彼女<rt>かのじょ</rt></ruby>に<ruby>指輪<rt>ゆびわ</rt></ruby>をあげます」と<ruby>言<rt>い</rt></ruby>ってバスに<ruby>乗<rt>の</rt></ruby>りました。

Mari went to a bus stop to go to the dentist in the neighboring town. Mari stood in line behind an old man at the bus stop. He dropped something and walked away—it was a ring. When Mari picked it up, he was already gone. Mari went to the dentist, but she was thinking about the ring. In the evening, Mari took the bus on the way back. When she got off the bus, that old man was sitting on a bench at the bus stop where Mari picked up the ring. Mari asked him, "Didn't you drop a ring?" and he cried saying, "Thank you." The old man told Mari that he had bought the ring for his lover but she was in hospital. The old man said, "I'm going to the hospital and give this ring to her," and left on the bus.

単語リスト／Vocabulary List

- 歯医者 - **haisha**: dentist
- 隣町 - **tonari machi**: neighboring town
- バス - **basu**: bus
- バス停 - **basu tei**: bus stop
- 着く - **tsuku**: to arrive
- 列に並ぶ - **retsu ni narabu**: to line up
- おじいさん - **ojiisan**: old man
- 後ろ - **ushiro**: behind
- 髪 - **kami**: hair
- 真っ白 - **masshiro**: completely white
- スーツ - **suutsu**: suit
- 着る - **kiru**: to wear, to put on (clothes)
- 帽子 - **booshi**: hat
- 被る - **kaburu**: to wear, to put on (a hat)
- 地面 - **jimen**: ground
- 落ちる - **ochiru**: to drop, to fall down

- 落とし物 - **otoshimono**: lost item
- 指輪 - **yubiwa**: ring
- とりあえず - **toriaezu**: for now
- 返す - **kaesu**: to return
- 夕方 - **yuugata**: evening
- 降りる - **oriru**: to get off
- ベンチ - **benchi**: bench
- 驚く - **odoroku**: to get surprised
- 昔 - **mukashi**: a long time ago
- ずっと - **zutto**: for a long time
- 用意する - **yooi suru**: to prepare, to arrange
- 不幸にも - **fukoo nimo**: unfortunately
- 入院する – **nyuuin suru**: to be in hospital, be hospitalized
- 病院 - **byooin**: hospital
- もう一度 - **moo ichido**: one more time

問題／Questions

1. マリはどこに行きましたか？

   Where did Mari go?

   a. 歯医者
   b. 病院
   c. スーパー
   d. 家

2. バス停で、マリの前に並んでいるおじいさんは...

   The old man standing in front of Mari at the bus stop...

   a. 髪が黒い。
   b. 背が低い。
   c. 帽子を被っている。
   d. 着物を着ている。

3. 指輪を拾って、マリはバスに乗った。

   After picking up a ring, Mari got on the bus.

   a. はい
   b. いいえ

4. おじいさんの結婚相手は入院していた。

   The old man's spouse was in hospital.

   a. はい
   b. いいえ

5. おじいさんは、指輪を持ってどこへ行きましたか？

Where was the old man headed to with the ring?

a. 歯医者

b. ミーティング

c. 隣町

d. 病院

答／Answers

1. A 歯医者

   Dentist

2. C 帽子を被っている。

   was wearing a hat.

3. A はい

   True

4. B いいえ

   False

5. D 病院

   Hospital

CHAPTER 14

厄介な住民 - ANNOYING NEIGHBOR

静かで穏やかな生活を送っているおじいさんがいました。しかし、最近、新しい住民がおじいさんの家の隣に引っ越してきて、おじいさんは悩んでいました。新しい住民は、パーティーが大好きだったのです。

パーティーの日は、一日中ずっと大きな音で音楽をかけました。一週間に三日もパーティーを開きます。

パーティーの日はうるさすぎるので、おじいさんは困りました。

辛抱強いおじいさんは、一年間、我慢しました。でも、隣の住民は毎週パーティーをします。おじいさんは、この問題を解決することを心に決めました。

次の日、隣の住民はまたパーティーを開きました。おじいさんは補聴器を外して、パーティーに行きました。

隣の住民はびっくりしました。でも、パーティーに来ていた友達におじいさんを紹介しました。大きな音で音楽が鳴っていましたが、おじいさんは補聴器をしていないので、聞こえませんでした。

おじいさんは昔話を始めました。**つまらなくて、**長い話をしました。

おじいさんの話がとてもつまらないので、パーティーに来ていた人たちは家に帰ってしまいました。

それから、おじいさんはパーティーの日は隣の住民の家に行って、つまらない話をしました。いつもおじいさんがつまらない話をするので、隣の住民は、**だんだんパーティー**は開かなくなりました。

やっと、おじいさんは静かで穏やかな生活を**取り戻す**ことができました。

厄介な住民 - Annoying Neighbor
With English Translation

静かで穏やかな生活を送っているおじいさんがいました。しかし、最近、新しい住民がおじいさんの家の隣に引っ越してきて、おじいさんは悩んでいました。新しい住民は、パーティーが大好きだったのです。

There was an old man who **lived** a quiet, **peaceful** life. However, he was **having a problem** since his new **neighbor** moved into the house next door: They loved parties.

パーティーの日は、一日中ずっと大きな音で音楽をかけました。一週間に三日もパーティーを開きます。

When they had a party, they **played music** very loudly all day long. And they **had a party** three days a week.

パーティーの日はうるさすぎるので、おじいさんは困りました。

When they had a party, it was too **noisy**. So, the old man **was stumped** about it.

辛抱強いおじいさんは、一年間、我慢しました。でも、隣の住民は毎週パーティーをします。おじいさんは、この問題を解決することを心に決めました。

This **patient** old man **tolerated** the situation for one year. Yet, his neighbor had parties every week. He finally **made up his mind** to **solve** this **problem**.

次の日、隣の住民はまたパーティーを開きました。おじいさんは補聴器を外して、パーティーに行きました。

The following day, the neighbor had a party again. So, the old man **removed** his **hearing aid** and went to the party.

隣の住民はびっくりしました。でも、パーティーに来ていた友達におじいさんを紹介しました。大きな音で音楽が鳴っていましたが、おじいさんは補聴器をしていないので、聞こえませんでした。

The neighbor got surprised, yet they **introduced** him to their friends. Although the music was playing loudly, the old man could hear nothing since he was not wearing his hearing aid.

おじいさんは昔話を始めました。つまらなくて、長い話をしました。

He started telling **old stories**. He told them long **boring** stories.

おじいさんの話がとてもつまらないので、パーティーに来ていた人たちは家に帰ってしまいました。

Since his stories were so boring, people at the party went back home.

それから、おじいさんはパーティーの日は隣の住民の家に行って、つまらない話をしました。いつもおじいさんがつまらない話をするので、隣の住民は、だんだんパーティーは開かなくなりました。

Since that day, the old man visited his neighbor's house and told boring stories when they had a party. Since he always told boring stories, his neighbor stopped having parties **gradually**.

やっと、おじいさんは静かで穏やかな生活を取り戻すことができました。

At last, the old man **got back** his quiet, peaceful life.

おじいさんは静かな生活を送っていました。しかし、新しい住民が隣に引っ越してきて、毎週パーティーを開きました。おじいさんは、一年間我慢しました。ある日、おじいさんは隣の住民のパーティーに行きました。そして、つまらない話をたくさんしました。おじいさんは、パーティーの日はいつも隣の住民の家に行きました。おじいさんの話がとてもつまらないので、隣の住民はだんだんパーティーを開かなくなりました。そして、おじいさんは静かで平和な生活を取り戻しました。

There was an old man who lived a quiet and peaceful life. However, his new neighbor moved into the house next door and held parties every week. The old man tolerated the situation for one year. One day, he went to the neighbor's party and told so many boring stories. Since then, he went to the party whenever his neighbor threw a party. Since the old man always told boring stories, his neighbor gradually stopped having a party. The old man finally got back his quiet, peaceful life.

単語リスト／Vocabulary List

- 厄介な - **yakkai na**: annoying, troublesome
- 穏やかな - **odayaka na**: peaceful
- 住民 - **juumin**: resident
- 悩む - **nayamu**: to worry, have a problem
- 生活 - **seekatsu**: life
- 生活を送る - **seekatsu wo okuru**: live a life
- 音楽 - **ongaku**: music
- 音楽をかける - **ongaku wo kakeru**: to play music
- パーティー - **paatii**: party
- パーティーを開く – **paatii wo hiraku**: to have a party
- うるさい - **urusai**: noisy
- 困る - **komaru**: be stumped
- 辛抱強い - **shinboo zuyoi**: patient
- 我慢する - **gamansuru**: to tolerate, to put up with
- 問題 - **mondai**: problem, issue
- 解決する - **kaiketsu suru**: to solve
- 心に決める - **kokoro ni kimeru**: to make up one's mind
- 次の日 - **tsugi no hi**: next day
- 補聴器 - **hochoo ki**: hearing aid
- 外す - **hazusu**: to remove
- 紹介する - **shookai suru**: to introduce
- 昔話 - **mukashi banashi**: old tales
- つまらない - **tsumaranai**: boring
- やっと - **yatto**: at last
- だんだん - **dan dan**: gradually
- 取り戻す - **tori modosu**: to regain

143

1. おじいさんはどうして悩んでいましたか？
   What was the old man having a problem with?

   a. 眠れないから。
   b. 友達がいないから。
   c. 隣の住民が毎日家に来るから。
   d. 隣の住民がよくパーティーを開くから。

2. おじいさんは、隣の住民が開くパーティーに二年間我慢しました。
   The old man tolerated parties that his neighbor had for two years.

   a. はい
   b. いいえ

3. おじいさんはどうして補聴器を外してパーティーに行きましたか？
   Why did the old man remove his hearing aid and go to parties?

   a. 耳が良いから。
   b. 補聴器が本当は必要ないから。
   c. パーティーのうるさい音楽を聞きたくないから。
   d. 補聴器が好きではないから。

4. 隣の住民はどうしてパーティーをやめましたか？
   Why did his neighbor stop having parties?

   a. おじいさんが来て、つまらない話をするから。
   b. パーティーが嫌いになったから。

c. 引っ越したから。

d. おじいさんの話を聞きたいから。

5. 隣の住民は静かになりましたか？

Did his neighbor become quiet?

a. はい

b. いいえ

1. D 隣の住民がよくパーティーを開くから。

   His neighbor had parties often.

2. B いいえ

   False

3. C パーティーのうるさい音楽を聞きたくないから。

   He did not want to hear the party's loud music.

4. A おじいさんが来て、つまらない話をするから。

   The old man would come and tell boring stories over and over.

5. A はい

   True

CHAPTER 15

仮説 - HYPOTHESIS

「いってきます」と元気よく言って、ぼくは家を出ました。妻は「いってらっしゃい」と言いました。

ぼくは会社に行かないで、家の後ろにある小さな丘に行きました。そこで、妻を観察しようと思いました。

最近、妻がおかしい。妻はぼくに言えない秘密があるのかもしれない。

キッチンに普段は飲まない高いワインがあった。そして、近所の人が、毎日、色んな人がぼくの家に来ると言っていた。

だから、今日はこっそり妻を観察しようと思った。

ぼくは丘の上で色んな仮説を立ててみた。

妻はインターネットでたくさん買い物をしているのかもしれない。お金をたくさん使ったので、ぼくに言えな のかもしれない。

もしかしたら、毎日家で高いお酒を飲んでいるのかもしれない。ぼくは毎日会社で働いているので、妻は寂しいのかもしれない。だから、高いワインを買ったのかもしれない。

もしかしたら、**浮気をしている**のかもしれない。だから、毎日色んな人がぼくの家にくるのかもしれない。

ぼくはたくさん考えて、とても**不安**になってしまった。

家を見ると、ぼくの**妹**が来ました。10分後、ぼくの**両親**も来ました。そして、古い**友人**や**同僚**も来ました。

どうしてみんな来たんだろう？何をしているんだろう？ぼくは寂しくなりました。

たくさん考えていると、夜になってしまいました。そして、ぼくは家に帰りました。

家について、ドアを開けました、

「**おたんじょうびおめでとう！！**」

と、みんなが言いました。

ぼくは驚きました。そして、台所に行くと、テーブルの上に大きな**ケーキ**や赤ワインのボトルがありました。

そうだ。今日はぼくの**誕生日**だ！

「**びっくりした？みんな待ってたんだよ！**」と、妻が言いました。

「いや、実はね...」ぼくは今日立てた仮説を妻に話しました。妻は笑って「今日はあなたの誕生日だから、**許して**あげる」と言いました。

仮説 - Hypothesis
With English Translation

「いってきます」と元気よく言って、ぼくは家を出ました。妻は「いってらっしゃい」と言いました。

"See you later," I said **cheerfully**, leaving the house. My **wife** said, "Have a good day."

ぼくは会社に行かないで、家の後ろにある小さな丘に行きました。そこで、妻を観察しようと思いました。

I did not go to work and went up the small **hill** behind our house. I thought I would **observe** my wife from there.

最近、妻がおかしい。妻はぼくに言えない秘密があるのかもしれない。

My wife has been acting **strange** these days. She might have a secret that she could not share with me.

キッチンに普段は飲まない高いワインがあった。そして、近所の人が、毎日、色んな人がぼくの家に来ると言っていた。

There were **expensive wines** in the kitchen that we would not **normally** drink. Also, my **neighbors** told me that many people came to our house every day.

だから、今日はこっそり妻を観察しようと思った。

That is why I decided to watch my wife today **secretly**.

ぼくは丘の上で色んな仮説を立ててみた。

I made **various hypotheses** on the hill.

妻はインターネットでたくさん買い物をしているのかもしれない。お金をたくさん使ったので、ぼくに言えな のかもしれない。

Perhaps, my wife has been doing a lot of **online** shopping. Since she has spent too much money, she could not tell me about it.

もしかしたら、毎日家で高いお酒を飲んでいるのかもしれない。ぼくは毎日会社で働いているので、妻は寂しいのかもしれない。だから、高いワインを買ったのかもしれない。

Or, she might **probably** be drinking expensive wine at home. Since I go to work every day, she might be **lonely**. Maybe that's why she **bought** expensive wines.

もしかしたら、浮気をしているのかもしれない。だから、毎日色んな人がぼくの家にくるのかもしれない。

Or maybe... she might be **cheating** on me. That's why people are coming to our place every day.

ぼくはたくさん考えて、とても不安になってしまった。

I thought a lot about it and became very **anxious**.

家を見ると、ぼくの妹が来ました。10分後、ぼくの両親も来ました。そして、古い友人や同僚も来ました。

When I looked over, my **little sister** came to our place. 10 minutes later, my **parents** also came. Then even my old **friends** and co-**workers** came to our place.

どうしてみんな来たんだろう？何をしているんだろう？ぼくは寂しくなりました。

Why did they all come? What are they doing there? I became sad.

たくさん考えていると、夜になってしまいました。そして、ぼくは家に帰りました。

While I was thinking a lot, it got dark. Then, I went back home.

家について、ドアを開けました、

I got back home and opened the door...

「おたんじょうびおめでとう！！」

"Happy Birthday!!"

と、みんなが言いました。

Everyone said.

ぼくは驚きました。そして、台所に行くと、テーブルの上に大きなケーキや赤ワインのボトルがありました。

I got surprised. When I walked into the kitchen, there were a huge **cake** and red wine bottles on the table.

そうだ。今日はぼくの誕生日だ！

That's right. Today is my birthday!

「びっくりした？みんな待ってたんだよ！」と、妻が言いました。

"Are you **surprised**? Everyone was waiting for you!" said my wife.

「いや、実はね...」ぼくは今日立てた仮説を妻に話しました。妻は笑って「今日はあなたの誕生日だから、許してあげる」と言いました。

"Well, actually…" I told her about my hypotheses that I made today. She laughed and said, "I'll **forgive** you because it's your birthday."

要約／Summary

ある日、ぼくは会社に行かないで、家の後ろにある小さな丘に行って、妻を観察しました。最近、妻が少しおかしい。普段飲まない高いワインがあった。インターネットでたくさん買い物をしているのかもしれない。もしかしたら、浮気をしているのかもしれない。ぼくはたくさん考えた。家を見ると、ぼくの妹や両親、友達、同僚が僕の家に来た。どうしてだろう？何をしているんだろう？夜、家に帰ると、みんなが「おたんじょうびおめでとう！！」と言った。そうだ、今日はぼくの誕生日だ！ぼくが妻に昼間考えた仮説について話すと、妻は笑って許してくれた。

One day, I didn't go to work but went up the hill behind my place and observed my wife. She has been acting strange these days. I found very expensive wines in the house. She might have been doing a lot of online shopping. Or she might have been having an affair. I thought a lot. When I looked over, my little sister, my parents, my friends and my colleagues came to our place. Why? What are they doing? At night, I went back home and everyone there said to me "Happy Birthday!" Yes, it is my birthday! I told my wife about all the hypotheses I came up with during the day, and she laughed and forgave me.

単語リスト／Vocabulary List

- いってきます - **ittekimasu**: I'm leaving, see you later
- 元気よく - **genki yoku**: cheerfully, lively
- 妻 - **tsuma**: wife
- 丘 - **oka**: hill
- 観察する - **kansatsu suru**: to observe, to watch
- おかしい - **okashii**: strange
- 秘密 - **himitsu**: secret
- 普段は - **fudan wa**: normally
- 赤ワイン - **aka wain**: red wine
- 高い - **takai**: expensive
- 近所の人 - **kinjo no hito**: neighbor
- 毎日 - **mainichi**: every day
- こっそり - **kossori**: secretly
- 仮説 - **kasetsu**: hypothesis
- 色んな - **ironna**: various

- インターネット - **intaanetto**: internet
- 買う - **kau**: to buy
- もしかしたら - **moshikashitara**: probably
- 寂しい - **sabishii**: lonely
- 浮気をする - **uwaki wo suru**: to have an affair
- 不安な - **fuanna**: anxious
- 妹 - **imooto**: younger sister
- 両親 - **ryooshin**: parents
- 友人 - **yuujin**: friend
- 同僚 - **dooryoo**: colleague
- おたんじょうびおめでとう - **otanjoobi omedetoo**: happy birthday
- ケーキ - **keeki**: cake
- びっくりする - **bikkurisuru**: to get surprised
- 許す - **yurusu**: to forgive

問題／Questions

1. ぼくはどこで妻を観察しましたか？

   Where did I observe my wife?

   a. 家の中
   b. 家の後ろにある丘
   c. インターネット
   d. 隣の家

2. 最近、妻はワインをたくさん飲んでいる。

   My wife has been secretly drinking a lot of wine.

   a. はい
   b. いいえ

3. ぼくの弟も家に来ました。

   My brother also came to our house.

   a. はい
   b. いいえ

4. ぼくは、どうして寂しくなりましたか？

   Why did I feel lonely?

   a. ぼくが家にいないときに、友人、家族、同僚がみんな家に来たから。
   b. 会社に行かなかったから。
   c. 夜になってしまったから。
   d. 妻が浮気をしているから。

5. ぼくの仮説（かせつ）ではないものはどれですか？

Which of the following is not one of my hypotheses?

a. 妻（つま）は病気（びょうき）だ。

b. 妻（つま）は浮気（うわき）をしている。

c. 妻（つま）は寂（さび）しい。

d. 妻（つま）はインターネットでたくさん買（か）い物（もの）をしている。

答／Answers

1. B 家の後ろにある丘

   The hill behind my house

2. B いいえ

   False

3. B いいえ

   False

4. A ぼくが家にいないときに、友人、家族、同僚がみんな家に来たから。

   All of my friends, family, and coworkers came to our place when I was not there.

5. A 妻は病気だ。

   She is sick.

CHAPTER 16
結婚 - MARRIAGE

明日、母が結婚します。北海道で結婚式をするので、私は、今、北海道行きの飛行機に乗っています。

結婚式には、母の親友や結婚相手のお姉さん、そして友人を数人しか招待しませんでした。そして、私が祝辞を述べます。

母と母の彼氏は真剣な付き合いをしていたので、結婚すると聞いたとき驚きませんでした。でも、私より早く母が結婚するので、少し不思議です。

北海道まで1時間かかるので、祝辞を見直そうと思って原稿を開きました。たくさん練習したので、全部暗記しています。

突然、「帰省ですか？」と、隣に座っている人が言いました。

「あ、いえ、母の結婚式に行くんです」と、私は答えました。

「そうでしたか。ぼくは仕事で休みが取れたので、やっと北海道に帰省するんです。いつも帰れないので。ご実家は違う場所ですか？」と、その人は聞きました。

「両親は離婚していて、母と父は今は違うところに住んでい

るんです。そして、母は**数年前に引っ越**して、今は北海道に住んでいます」と答えました。

どうして両親の離婚の話をしたんだろう？

「そうなんですか。北海道はいいところですよ。お母さんはいいところに引っ越しましたね」と、笑いました。

「そうですね」と、私は言いました。

そして、私たちはずっと話していました。

「**もしよかったら**、北海道で一緒にごはんを食べませんか？ぼくが昔から行っている**おすすめのラーメン屋**があるんです」

電話番号をもらい、私たちは空港で**別れ**ました。

「**明日**の結婚式、楽しみですね！」と言って、その人は**空港**を去りました。

彼氏はいたけれど、いつも**長続き**したことはありませんでした。私は、いつもそれを母と父の**せい**にしていました。

でも、明日、母が結婚する。私も**今度**は上手くいくかもしれない。

もらった**電話番号**を見て、**電話をしてみよう**と思いました。

結婚 - Marriage
With English Translation

明日、母が結婚します。北海道で結婚式をするので、私は、今、北海道行きの飛行機に乗っています。

My mother will **get married** tomorrow. She will have **a wedding party** in Hokkaido, so I am now on the **airplane bound for** Hokkaido.

結婚式には、母の親友や結婚相手のお姉さん、そして友人を数人しか招待しませんでした。そして、私が祝辞を述べます。

They invited only my mother's **best friend**, her boyfriend's **sister** and some friends to their wedding. Then, I will **offer my words of congratulations**.

母と母の彼氏は真剣な付き合いをしていたので、結婚すると聞いたとき驚きませんでした。でも、私より早く母が結婚するので、少し不思議です。

Because my mother and her boyfriend had been showing a **serious** commitment to each other, I did not get surprised when I heard that they would get married. But it feels a little strange that she is getting married before me.

北海道まで1時間かかるので、祝辞を見直そうと思って原稿を開きました。たくさん練習したので、全部暗記しています。

Since it takes one hour to Hokkaido, I thought I would **take another look** at the **script** of my speech and opened it. I have practiced a lot so I've already **memorized** everything.

160

突然、「帰省ですか？」と、隣に座っている人が言いました。

Suddenly, "Are you **going home**?" said someone sitting **next** to me.

「あ、いえ、母の結婚式に行くんです」と、私は答えました。

"Ah, no. I'm going to my mother's wedding party." I answered.

「そうでしたか。ぼくは仕事で**休みが取れた**ので、やっと北海道に帰省するんです。いつも帰れないので。ご**実家**は違う場所ですか？」と、その人は聞きました。

"I see," he said. "I'm going back to Hokkaido since I was finally able to **take some time off** of work. I usually cannot go back. Is your **family's home** somewhere else?"

「両親は**離婚**していて、母と父は今は違うところに住んでいるんです。そして、母は**数年前に引っ越し**て、今は北海道に住んでいます」と答えました。

I responded saying, "My parents are **divorced**, so my father and mother now live apart. My mother **moved a few years ago** and she lives in Hokkaido now."

どうして両親の離婚の話をしたんだろう？

Why did I talk about the divorce of my parents?

「そうなんですか。北海道はいいところですよ。お母さんはいいところに引っ越しましたね」と、笑いました。

He smiled saying: "I see. Hokkaido is a beautiful place. Your mother moved to the right place."

「そうですね」と、私は言いました。

"I think so" I said.

そして、私たちはずっと話していました。

Then, we kept talking.

「もしよかったら、北海道で一緒にごはんを食べませんか？ぼくが昔から行っている**おすすめのラーメン屋**があるんです」

"**If you like**, would you like to meet again in Hokkaido for a **meal**? There is a **ramen restaurant** that I highly **recommend**. I've been going there for a long time."

電話番号をもらい、私たちは空港で別れました。

I got his **phone number**, and we **said goodbye**.

「明日の結婚式、楽しみですね！」と言って、その人は**空港**を去りました。

Saying "Tomorrow's wedding party must be exciting!" he **left** the **airport**.

彼氏はいたけれど、いつも**長続き**したことはありませんでした。私は、いつもそれを母と父のせいにしていました。

I have had boyfriends in the past, but those relationships never **lasted long**. I was always **blaming** my parents for my short-lived relationships.

でも、明日、母が結婚する。私も**今度は**上手くいくかもしれない。

But my mom will get married tomorrow. So, **now** everything may work for me as well.

もらった電話番号を見て、電話をしてみようと思いました。

Looking at his phone number, I thought I would **make a call**.

要約／Summary

母が北海道で結婚式をするので、私は北海道行きの飛行機に乗りました。隣の席に座った男の人が、「帰省ですか？」と言いました。私は、母が結婚式をするので北海道に行くと答えました。飛行機で、私たちはたくさん話をしました。私は、母は離婚をして北海道に引っ越したというと、その人は「お母さん、いい場所に引っ越しましたね！」と、言いました。北海道に着いて、その人は私に電話番号をくれました。そして、空港を去りました。私は、その男の人に電話をしようかな、と思いました。

I was on the airplane bound for Hokkaido because my mother would hold a wedding party there. On the plane, the passenger sitting next to me asked if I was going back to my family's home. I said that I was going to Hokkaido since my mother would have a wedding party there. We talked a lot. Then I told him that my mother got divorced from my father and moved to Hokkaido. He said, "Your mother moved to the right place." When we arrived in Hokkaido, he gave me his phone number and left the airport. I felt like I would like to give him a call.

単語リスト／Vocabulary List

- 母 - **haha**: mother
- 飛行機 - **hikooki**: airplane, flight
- 結婚する - **kekkon suru**: to get married
- 結婚式 - **kekkon shiki**: a wedding party
- 〜行き - **〜iki**: bound for
- 親友 - **shinyuu**: best friend
- お姉さん - **oneesan**: older sister
- 祝辞を述べる - **shukuji wo noberu**: to offer words of congratulations
- 真剣な - **shinken na**: serious
- 原稿 - **genkoo**: script
- 見直す - **minaosu**: to take another look, review
- 暗記する - **anki suru**: to memorize
- 帰省 - **kisei**: homecoming, returning home
- 隣の - **tonari no**: next

- 休みをとる - **yasumi wo toru**: to take a break, to take time off of work
- 実家 - **jikka**: parents' home, family's home
- 離婚する - **rikon suru**: to get divorced
- 数年前に - **suunen mae ni**: a few years ago
- もしよかったら - **moshi yokattara**: if you like
- ごはん - **gohan**: meal
- おすすめ - **osusume**: recommendation
- ラーメン屋 - **raamen ya**: ramen restaurant
- 電話番号 - **denwa bangoo**: phone number
- 別れる - **wakareru**: to say goodbye to each other, to split
- 空港 - **kuukoo**: airport
- 去る - **saru**: to leave
- 長続きする - **naga tuzuki suru**: to last long

- 今度は - **kondo wa**: now, next time
- せいにする - **sei ni suru**: to blame
- 電話をする - **denwa wo suru**: to make a call

問題／Questions

1. 結婚式で私は何をしますか？

   What will I do at the wedding party?

   a. ケーキを食べる。

   b. 祝辞を述べる。

   c. 料理をする。

   d. 歌う。

2. どうして母の結婚式が少し変な感じがしますか？

   Why do I feel a little strange about the wedding?

   a. 北海道で結婚式をするから。

   b. 私より先に母が結婚するから。

   c. 結婚相手のお姉さんも結婚するから。

   d. 母は彼氏と真剣な付き合いをしていないから。

3. 私は北海道出身です。

   I am originally from Hokkaido.

   a. はい

   b. いいえ

4. 飛行機で隣に座った人は離婚している。

   The passenger who sat next to me on the plane is divorced.

   a. はい

   b. いいえ

5. 隣に座った人にEメールアドレスをもらった。

I received his email address from the passenger sitting next to me.

a. はい。

b. いいえ。

答／Answers

1. B 祝辞を述べる。

   Offer words of congratulations.

2. B 私より先に母が結婚するから。

   My mother is getting married before me.

3. B いいえ

   False

4. B いいえ

   False

5. B いいえ

   False

CHAPTER 17

いとこ – COUSINS

ぼくにはたくさん親戚がいます。いとことまたいとこ、合わせて百人以上います。日本に五十人、そしてあとは韓国、カナダ、ブラジル、ペルー、スペインに住んでいます。

いとこが全員集まると、必ずあるゲームをします。ルールは簡単で、おばあちゃんが自分の名前を覚えていると勝ちです。

おばあちゃんは孫が百人以上いるので、全員の名前を覚えることは大変です。日本語の名前は簡単ですが、外国の名前は難しいです。

おばあちゃんに名前を覚えてもらうために、みんな色々なことをします。

いつもおばあちゃんの似顔絵を描いてあげるいとこや、いつも赤い服を着ているいとこもいます。

そして、いつもおばあちゃんにいたずらをするいとこもいます。

今年、おばあちゃんは九十歳になります。そして、いとこ全員がおばあちゃんの誕生日パーティーに来ます。おばあちゃんに名前を覚えてもらうために、今年はみんなどんなことをするんだろう？

いとこ – Cousins
With English Translation

ぼくにはたくさん親戚がいます。いとことまたいとこ、合わせて百人以上います。日本に五十人、そしてあとは韓国、カナダ、ブラジル、ペルー、スペインに住んでいます。

I have a lot of **relatives**. I have more than **one hundred cousins** and **second cousins** combined. Fifty of them live in Japan and the rest live in **South Korea**, **Canada**, **Brazil**, **Peru**, and **Spain**.

いとこが全員集まると、必ずあるゲームをします。ルールは簡単で、おばあちゃんが自分の名前を覚えていると勝ちです。

When all the cousins **get together**, we always play this **game**. The **rule** is **simple**: You **win** if Grandma **remembers** your **name**.

おばあちゃんは孫が百人以上いるので、全員の名前を覚えることは大変です。日本語の名前は簡単ですが、外国の名前は難しいです。

Since Grandma has a hundred **grandchildren**, it's not easy for her to remember all the names. **While** Japanese names are easier for her, **foreign** names are difficult.

おばあちゃんに名前を覚えてもらうために、みんな色々なことをします。

We all do different things so that Grandma will remember our names.

いつもおばあちゃんの似顔絵を描いてあげるいとこや、いつも赤い服を着ているいとこもいます。

There is this cousin who always draws Grandma's **portrait**, and other cousin always wears red whenever he visits her.

そして、いつもおばあちゃんにいたずらをするいとこもいます。

Also, there is someone who always plays a trick on Grandma.

今年、おばあちゃんは九十歳になります。そして、いとこ全員がおばあちゃんの誕生日パーティーに来ます。おばあちゃんに名前を覚えてもらうために、今年はみんなどんなことをするんだろう？

This year, Grandma will **turn 90 years old**. And, all the cousins will come to her birthday party. What will they do this year so that she will remember their names?

要約／Summary

ぼくは、百人以上いとことまたいとこがいます。いつも全員集まるとあるゲームをします。そのゲームは、おばあちゃんが名前を覚えていると勝ちです。おばあちゃんに名前を覚えてもらうために、みんな色んなことをします。今年はおばあちゃんの九十歳の誕生日パーティーがあって、いとこが全員集まります。今年はみんな、何をするんだろう？

I have more than one hundred cousins and second cousins combined. We play this game, when all of us get together. You win if Grandma remembers your name. Each of us does something so that Grandma remembers our names. We will have her 90th birthday this year, and everyone will get together. I wonder what my cousins are planning to do this year.

単語リスト／Vocabulary List

- 親戚 - **shinseki**: relative
- いとこ - **itoko**: cousin
- またいとこ - **mata itoko**: second cousin
- 百人 - **hyaku nin**: a hundred people
- 以上 - **ijoo**: over
- 韓国 - **kankoku**: South Korea
- カナダ - **kanada**: Canada
- ブラジル - **burajiru**: Brazil
- ペルー - **peruu**: Peru
- スペイン - **supein**: Spain
- 集まる - **atsumaru**: to get together
- ゲーム - **geemu**: game

- ルール - **ruuru**: a rule
- おばあちゃん - **obaachan**: Grandma
- 名前 - **namae**: name
- 覚える - **oboeru**: to remember
- 簡単 - **kantan**: easy
- まご - **mago**: grandchild
- 似顔絵 - **nigaoe**: portrait
- 九十歳 - **kyuu jussai**: 90 years old
- 〜歳になる - **〜sai ni naru**: to turn 〜
- 外国 - **gaikoku**: foreign

174

問題／Questions

1. ほとんどのいとこはどこに住んでいますか？
   Where do most of my cousins live?

   a. 韓国
   b. カナダ
   c. 日本
   d. ペルー

2. どうしたらゲームに勝つことができますか？
   How can you win the game?

   a. おばあちゃんに手紙を書く。
   b. おばあちゃんが料理する。
   c. おばあちゃんの名前を覚えている。
   d. おばあちゃんが自分の名前を覚えている。

3. いとこがしたことがないことはどれですか？
   Which of the followings has nobody done yet?

   a. 全身赤い服を着る。
   b. おばあちゃんの似顔絵を描く。
   c. おばあちゃんにケーキを作る。
   d. おばあちゃんにいたずらする。

4. おばあちゃんは、孫が 100 人いる。
   Grandma has 100 grandchildren.

   a. はい
   b. いいえ

5. 毎年、いとこが全員集まる。

All the cousins get together every year.

a. はい

b. いいえ

答／Answers

1. C 日本
   Japan

2. D おばあちゃんが自分の名前を覚えている。
   Grandma remembers your name.

3. C おばあちゃんにケーキを作る。
   Baking a cake for Grandma.

4. B いいえ
   False

5. B いいえ
   False

CHAPTER 18
小論文 - ESSAY

今は夜の十一時です。生物学の授業の期末課題の小論文を書いていました。これを提出すると、夏休みが始まります。

提出期限は明日の朝八時です。もう少し時間があります。

少し疲れたので、一休みしよう。とりあえず、スマホを開いて、友達からのメッセージに返信しました。

次に、ツイッターを開きました。

クラスメイトが、この期末課題は簡単だったとつぶやいていました。本当かな？

それから、インスタグラムを開いてみました。

もう期末テストや課題が終わって、夏休みに入った友達が、色んな写真を載せていました。すでに旅行をしている友達もいます。いいなあ、私も旅行に行きたいな。

私ももうすぐ夏休みだ・・・。私はとても疲れていたので、ウトウトしてそのまま寝てしまいました。

起きると、もう朝の6時でした。早く小論文を提出しなくちゃ！生物学のクラスのポータルサイトを開いて、ユーザー名とパスワードを入力しました。

「ユーザー名とパスワードが一致しません」

おかしいな。もう一度、入力してみました。

「ユーザー名とパスワードが一致しません」

もう一度、念入りにユーザー名とパスワードを確認して、入力しました。

「ユーザー名とパスワードが一致しません」

時計を見ると、もう6時30分でした。どうしよう！？

そうだ、直接、教授に小論文を手渡ししよう！

そして、私は小論文を印刷するため、コンビニに行きました。コンビニのコピー機で小論文を印刷して、大学まで走りました。

教授のオフィスに着いたとき、もう7時45分でした。ギリギリ間に合った！

ドアをノックして、「おはようございます。小論文を持ってきました」と言いました。

教授は「おはよう」と言って、ドアを開けてくれました。

「一昨日、ポータルサイトのサーバーが落ちたんです 。小論文を持ってきてくれてありがとう！」と、ニコニコしながら、教授は言いました。

私は「失礼します」と言って、オフィスを出ました。やっと夏休みだ！嬉しいな。でも、とりあえず、今日は家に帰って寝よう。

小論文 - Essay
With English Translation

今は夜の十一時です。生物学の授業の期末課題の小論文を書いていました。これを提出すると、夏休みが始まります。

It is now 11 o'clock at night. I have been writing my **essay**, which is the **final assignment** of my **biology class**. Once I **submit** this essay, my **summer break** will begin.

提出期限は明日の朝八時です。もう少し時間があります。

The **deadline** is at 8 o'clock tomorrow morning. I still have some time left.

少し疲れたので、一休みしよう。とりあえず、スマホを開いて、友達からのメッセージに返信しました。

I got really tired... let's just take a **break**. **First of all**, I **opened** my smartphone and **responded** to messages from my friends.

次に、ツイッターを開きました。

Then I opened Twitter.

クラスメイトが、この期末課題は簡単だったとつぶやいていました。本当かな？

One of my biology **classmates tweeted** that this final assignment was easy. Really?

それから、インスタグラムを開いてみました。

Then I opened **Instagram**.

もう**期末テスト**や課題が終わって、夏休みに入った友達が、色んな写真を**載せ**ていました。すでに**旅行**をしている友達もいます。いいなあ、私も旅行に行きたいな。

Some of my friends who finished their **final exams** and assignments are already on their summer vacations and they **posted** various photos. Some of them are even **traveling** already. That's so nice. I want to go on a trip too.

私ももうすぐ夏休みだ・・・。私はとても疲れていたので、**ウトウト**してそのまま寝てしまいました。

I will be on my summer vacation **soon**. Since I was very tired, I was **dozing off** and fell asleep.

起きると、もう朝の6時でした。早く小論文を提出しなくちゃ！生物学のクラスのポータルサイトを開いて、**ユーザー名**と**パスワード**を**入力**しました。

When I woke up, it was already 6 o'clock in the morning. I have to submit my essay! I opened the portal site of my Biology class and **entered** my **username** and **password**.

「ユーザー名とパスワードが**一致**しません」

"Your username and password do not **match**."

おかしいな。もう一度、入力してみました。

That's strange. I entered my username and password again.

「ユーザー名とパスワードが一致しません」

"Your username and password do not match."

もう一度、**念入り**にユーザー名とパスワードを**確認**して、入力しました。

I **checked** my username and password **carefully** and entered the information.

「ユーザー名とパスワードが一致しません」

"Your username and password do not match."

時計を見ると、もう６時30分でした。どうしよう！？

When I looked at the clock, it was already 6:30. What should I do!?

そうだ、**直接**、**教授**に小論文を**手渡し**しよう！

Oh yes, I just have to **hand** it **in directly** to my **professor**!

そして、私は小論文を印刷するため、**コンビニ**に行きました。コンビニの**コピー機**で小論文を印刷して、**大学**まで走りました。

Then I went to a **convenience store** to **print off** my essay. I printed it off using the **printer** at the convenience store, I ran to the **university**.

教授のオフィスに着いたとき、もう７時４５分でした。**ギリギリ間に合った！**

When I got to the professor's **office**, it was already 7:45. I made it **just in time**!

ドアをノックして、「おはようございます。小論文を持ってきました」と言いました。

Knocking on the door of her office, I said "Good morning. I'm here to submit my essay."

教授は「おはよう」と言って、ドアを開けてくれました。

The professor opened the door and said: "Good morning."

「一昨日、ポータルサイトのサーバーが落ちたんです 。小論文を持ってきてくれてありがとう！」と、ニコニコしながら、教授は言いました。

"The **server** of the portal site **went down two days ago**. Thank you for submitting your essay in person!" said the professor **with a smile**.

私は「失礼します」と言って、オフィスを出ました。やっと夏休みだ！嬉しいな。でも、とりあえず、今日は家に帰って寝よう。

Saying "I will excuse myself" I left her office. Summer vacation is finally here! I'm so happy. But first, I'll go home and sleep for today.

要約／Summary

夜の11時に、私は生物学の期末課題の小論文を書き終わりました。提出期限は明日の朝の8時なので、私はツイッターを見たり、インスタグラムを見たりしました。そして、とても眠くなったので、そのまま寝てしまいました。起きると、もう6時30分でした。小論文を提出するために、生物学のクラスのポータルサイトにユーザー名とパスワードを入力しました。でも、ユーザー名とパスワードが一致しませんでした。急いでコンビニで小論文を印刷して、教授のオフィスに行きました。7時45分でした。教授は「一昨日サーバーが落ちたんだ。小論文を持ってきてくれてありがとう」と言いました。やっと夏休みになったけれど、私はとても眠いので、家に帰って寝ようと思いました。

At 11pm, I finished writing my essay, which was the final assignment of my biology class. The deadline was at 8 o'clock tomorrow morning. So, I spent some time looking at Twitter and Instagram. Then, I felt very sleepy and fell asleep. When I woke up, it was already 6:30. I tried entering my username and password on the portal site of my biology class to submit my essay. However, my username and password did not match. I then rushed to a convenience store, printed off my essay, and went to the professor's office. The professor said: "The server went down two days ago. Thank you for submitting your essay in person." Although my summer vacation finally started, I was very sleepy and decided to go back and sleep.

単語リスト／Vocabulary List

- 生物学 - **seibutsu gaku**: biology
- 授業 - **jugyoo**: class, lesson
- 期末課題 - **kimatsu kadai**: final assignment
- 小論文 - **shoo ronbun**: essay
- 提出する - **teishutsu suru**: to submit
- 夏休み - **natsu yasumi**: summer vacation
- 提出期限 - **teishutsu kigen**: deadline
- 間に合う - **mani au**: to be on time
- 一休み - **hito yasumi**: rest, break
- とりあえず - **toriaezu**: first of all, for now
- 開く - **hiraku**: to open
- 返信する - **henshin suru**: to reply
- クラスメイト - **kurasu meito**: classmate
- つぶやく - **tsubuyaku**: to tweet, to mutter
- インスタグラム - **insutaguramu**: Instagram
- 期末テスト - **kimatsu tesuto**: final exam
- 載せる - **noseru**: to post, to publish
- 旅行する - **ryokoo suru**: to travel
- もうすぐ - **moosugu**: soon
- ウトウトする - **utouto suru**: to doze off
- ユーザー名 - **yuuzaa mei**: username
- 入力する - **nyuuryoku suru**: to enter (information)
- パスワード - **pasuwaado**: password
- 一致する - **icchi suru**: to match
- 念入りに - **nen'iri ni**: carefully, thoroughly
- 確認する - **kakunin suru**: to check, to confirm
- 直接 - **chokusetsu**: directly
- 教授 - **kyooju**: professor

185

- 手渡しする - **tewatashi suru**: to hand in
- 印刷する - **insatsu suru**: to print off
- コンビニ - **konbini**: convenience store
- コピー機 - **kopii ki**: printer
- 大学 - **daigaku**: university
- オフィス - **ofisu**: office
- ギリギリ - **giri giri**: just in time
- ノックする - **nokku suru**: to knock
- サーバー - **saabaa**: server
- 落ちる - **ochiru**: to go down, to fall down
- ニコニコする - **nikoniko suru**: to smile, to grin

<u>問題</u>／**Questions**

1. 私の夏休みはいつ始まりますか？

   When will my summer break begin?

   a. 十一時

   b. 小論文を提出したあと

   c. 九時間後

   d. 学校のサイトにログインしたあと

2. 学校のサイトにログインできなかったのは...

   I could not log into the school's portal site because...

   a. ユーザー名を忘れたから。

   b. ユーザー名とパスワードが一致しなかったから。

   c. 学校のサイトのサーバーが落ちていたから。

   d. 朝の六時だったから。

3. 小論文の提出日に、私は学校に行った

   On the day I submitted my essay, I went to the university.

   a. はい

   b. いいえ

4. 学校のポータルサイトに小論文を提出した。

   In the end, I submitted my essay to the school's portal site.

   a. はい

   b. いいえ

187

5. 私^{わたし}がチェックしたのは？

Which of the following apps did I check?

a. ツイッター
b. フェイスブック
c. TickTok
d. ライン

答／Answers

1. B 小論文を提出したあと
   After submitting the essay

2. C 学校のサイトのサーバーが落ちていたから。
   The school website's server was down.

3. A はい
   True

4. B いいえ
   False

5. A ツイッター
   Twitter

CHAPTER 19
違う人生 - OTHER LIVES

ヒロは毎日夢をみます。夢の中で、ヒロは違う人生を生きます。

昨日の夜、ヒロは面白い夢をみました。夢の中で、ヒロには息子がいました。そして、息子と一緒に古い列車に乗っていました。

列車の窓から美しい山や湖が見えました。しかし、突然、地震が起きました。

その地震はとてつもなく大きくて、列車が激しく揺れました。そして、列車は線路を外れて、山にぶつかりました。

夢の中でヒロは気を失いました。そして、目が覚めると息子がいませんでした。

ヒロは一生懸命息子を探しました。電車の中も山の中も探しました。

でも、息子は見つかりませんでした。そして、夢の中で五年が経ちました。

朝、目が覚めて、ヒロは夢について考えました。変な夢！そして、布団から出て、仕事に行きました。

ヒロは、毎朝仕事に行って、夕方に帰ってきて、晩ごはんを食べて、ビデオゲームをして、少し本を読んでから寝ます。

ヒロは毎日夢をみます。

夢の中では、いつも問題ばかり起きます。でも、ヒロは毎日夢を見るのが楽しみです。

「今夜はどんな夢をみるのかな？」と考えて、今日も寝ます。ヒロは夢の中で違う人生を生きます。

違う人生 - Other Lives
With English Translation

ヒロは毎日夢をみます。夢の中で、ヒロは違う人生を生きます。

Hiro has a dream every day, and in her dreams, Hiro lives out different lives.

昨日の夜、ヒロは面白い夢をみました。夢の中で、ヒロには息子がいました。そして、息子と一緒に古い列車に乗っていました。

She had an **interesting** dream last night. In her dream, she had a **son**. She was on an **old railway train** with him.

列車の窓から美しい山や湖が見えました。しかし、突然、地震が起きました。

They saw **beautiful mountains** and **lakes** from the window. But **suddenly**, an **earthquake** happened.

その地震はとてつもなく大きくて、列車が激しく揺れました。そして、列車は線路を外れて、山にぶつかりました。

The earthquake was **extremely** massive and **shook** the train **violently**. The train **got derailed** off the **track** and **crashed** into a mountain.

夢の中でヒロは気を失いました。そして、目が覚めると息子がいませんでした。

In her dream, Hiro **lost consciousness**. When she **regained consciousness**, her son was gone.

ヒロは一生懸命息子を探しました。電車の中も山の中も探しました。

Hiro looked for her son very hard. She searched the train and the mountain.

でも、息子は見つかりませんでした。そして、夢の中で五年が経ちました。

But her son was nowhere to **be found**. In the dream, 5 years **passed**.

朝、目が覚めて、ヒロは夢について考えました。変な夢！そして、布団から出て、仕事に行きました。

In the morning, Hiro woke up and thought about the dream. That was a strange dream! Then she got out of her bed and went to work.

ヒロは、毎朝仕事に行って、夕方に帰ってきて、晩ごはんを食べて、ビデオゲームをして、少し本を読んでから寝ます。

Every day she goes to work in the morning, comes home in the evening, eats **dinner**, plays video games, reads a little bit before going to bed, and finally falls asleep.

ヒロは毎日夢をみます。

Hiro dreams a dream every day.

夢の中では、いつも問題ばかり起きます。でも、ヒロは毎日夢を見るのが楽しみです。

There are always **problems** in her dreams. Yet, dreaming every night is something she **looks forward to**.

「今夜はどんな夢をみるのかな？」と考えて、今日も寝ます。ヒロは夢の中で違う人生を生きます。

"What am I going to dream about **tonight**?" she wonders again and falls asleep. She lives another life in her dream.

要約／Summary

ヒロは夢の中で、色々な人生を生きます。ある日、夢の中で、ヒロは息子と一緒に古い列車に乗っていました。突然、地震が起きて、列車が山にぶつかってしまいました。ヒロは気を失って、目が覚めると息子がいませんでした。ヒロは一生懸命息子を探しました。夢の中では問題ばかり起きますが、ヒロは毎日夢を見るのが楽しみです。

Hiro lives out different lives in her dreams. One day, in her dream, Hiro was on the old train with her son. Suddenly, an earthquake happened and the train crashed into the mountain. Hiro passed out. When she woke up, her son was gone. Hiro looked for him very hard. In her dreams, so many problems happen but Hiro looks forward to dreaming a dream every day.

単語リスト／Vocabulary List

- 息子 - **musuko**: son
- 古い - **furui**: old
- 列車 - **ressha**: train
- 美しい - **utsukushii**: beautiful
- 山 - **yama**: mountain
- 湖 - **mizuumi**: lake
- 突然 - **totsuzen**: suddenly
- 地震 - **jishin**: earthquake
- 起こる - **okoru**: to happen
- とてつもなく - **totetsumo naku**: absurdly, unbelievably
- 激しく - **hageshiku**: violently
- 揺れる - **yureru**: to be shaken
- 線路 - **senro**: railway tracks
- 外れる - **hazureru**: to be disconnected, to be derailed
- ぶつかる - **butsukaru**: to crash
- 気を失う - **ki wo ushinau**: to lose consciousness, to faint
- 目が覚める - **me ga sameru**: to wake up
- 見つかる - **mitsukaru**: to be found
- 経つ - **tatsu**: to pass
- 晩ごはん - **ban gohan**: dinner
- 問題 - **mondai**: problem
- 楽しみ - **tanoshimi**: enjoyment, pleasure
- 今夜 - **kon'ya**: tonight

問題／Questions

1. 夢の中で、列車が線路を外れたのは・・・

   In Hiro's dream, the train got derailed because...

   a. 地震が起きた
   b. 津波が来た
   c. 雪崩が起きた
   d. 大きな木があった

2. ヒロは毎日夢を見る。

   Hiro has a dream every day.

   a. はい
   b. いいえ

3. ヒロが息子を探した場所は？

   Where did Hiro look for her son?

   a. 湖
   b. 山の中
   c. 家の中
   d. 線路

4. ヒロは五年間気を失っていた。

   Hiro lost consciousness for five years.

   a. はい
   b. いいえ

5. ヒロが仕事から帰ってきてしないことはどれですか？

Which of the following is not part of Hiro's daily routine when she comes back home?

a. ビデオゲームをする

b. 本を読む

c. 列車に乗る

d. 晩ごはんを食べる

答／Answers

1. A 地震が起きた

   An earthquake happened

2. A はい

   True

3. B 山の中

   Inside the mountains

4. B いいえ

   False

5. C 列車に乗る

   Riding a train

CHAPTER 20
黒い車 - A BLACK CAR

トラックの運転手は高速道路を走っています。今日も、早朝にとれた新鮮な魚介類をのせて、小さな港町から隣の町まで走ります。

ラジオをつけると、テンポの速い曲が流れました。「最近の流行りの曲は似たようなものばかりだなぁ」と、独り言を言いました。

運転手は高速道路を降りました。隣町は、もうすぐでした。。

バックミラーを見ると、さっき高速道路で見た黒い車が後ろを走っていました。

隣町の市場で魚介類を降ろして駐車場に戻ると、あの黒い車が止まっていました。

運転手は「誰が乗っているんだろう？車の持ち主が見てみたい」と思いました。そして、駐車場で待ちました。

しばらくすると、誰かがその車に戻ってきました。

運転手は目を細めて、車の持ち主を見ました。知らない人でした。運転手は少しがっかりしました。

その車が駐車場を出たのを見て、運転手は自分の車のエンジンをかけました。

「平和だなぁ」と、独り言を言って、運転手は港町に帰りました。

黒い車 - A Black Car
With English Translation

トラックの運転手は高速道路を走っています。今日も、早朝にとれた新鮮な魚介類をのせて、小さな港町から隣の町まで走ります。

A **truck driver** is driving on a **highway**. Today, he also travels from a **small port** to a neighbor city, **loading fresh seafood** that has been caught **in the early morning**.

ラジオをつけると、テンポの速い曲が流れました。「最近の流行りの曲は似たようなものばかりだなぁ」と、独り言を言いました。

He turned on the **radio** and a **fast-paced song came on**. He **said to himself**, "**Modern pop songs** all sound the same."

運転手は高速道路を降りました。隣町は、もうすぐでした。。

He got off the highway. He was very close to the neighboring city.

バックミラーを見ると、さっき高速道路で見た黒い車が後ろを走っていました。

He checked the **rearview** mirror, and a black car that he saw on the highway was running behind his car.

隣町の市場で魚介類を降ろして駐車場に戻ると、あの黒い車が止まっていました。

When he **unloaded** the seafood products at the fish **market** in the neighboring city and returned to the **parking lot**, he saw the same black car **parked** there.

運転手は「誰が乗っているんだろう？車の持ち主が見てみたい」と思いました。そして、駐車場で待ちました。

"Who is in the car? I want to see its **owner**" thought the driver. Then he waited in the parking lot.

しばらくすると、誰かがその車に戻ってきました。

After a while, someone **came back** to the car.

運転手は目を細めて、車の持ち主を見ました。知らない人でした。運転手は少しがっかりしました。

He **squinted** and looked at who owns the car. That was someone that he did not know. The driver **got disappointed** a little bit.

その車が駐車場を出たのを見て、運転手は自分の車のエンジンをかけました。

Upon confirming that the car left the parking lot, he started the **engine**.

「平和だなぁ」と、独り言を言って、運転手は港町に帰りました。

"It's very peaceful" the truck driver said to himself and drove back to the port town.

要約／Summary

今日も、トラックの運転手は新鮮な魚介類を隣町まで運びます。隣町の市場で魚介類を降ろして駐車場に行くと、高速道路で後ろを走っていた黒い車がありました。運転手はその車の運転手を見たいので、駐車場で待ちました。しばらくすると、その車の持ち主が駐車場に来ました。それは知らない人でした。運転手は、がっかりして港町に帰りました。

Today, this truck driver travels from a small port town to a neighboring city, loading fresh seafood on the truck. When he unloaded the seafood at the fish market and went back to the parking lot, he saw the black car that was running behind his car on the highway. Since the truck driver wanted to see the owner of the black car, he waited in the parking lot. After a while, the owner came to the parking lot. That was someone he didn't know. The truck driver got disappointed and went back to the port town.

単語リスト／Vocabulary List

- トラック - **torakku**: truck
- 運転手 - **untenshu**: driver
- 高速道路 - **koosoku dooro**: highway
- 早朝に - **soochoo ni**: in the early morning
- 新鮮な - **shinsen'na**: fresh
- 魚介類 - **gyokairui**: seafood
- 載せる - **noseru**: to load
- 港町 - **minato machi**: port city
- ラジオ - **rajio**: radio
- 速いテンポの - **hayai tenpo no**: fast-paced
- 曲 - **kyoku**: music, song
- 流れる - **nagareru**: to be played, to be heard
- 流行り - **hayari**: popular
- 独り言を言う - **hitorigoto wo iu**: to speak to oneself
- 市場 - **ichiba**: market
- 降ろす - **orosu**: to unload, to bring down
- 駐車場 - **chuushajoo**: parking area
- 止める - **tomeru**: to park
- 持ち主 - **mochinushi**: owner
- 戻ってくる - **modotte kuru**: to come back
- 目を細める - **me wo hosomeru**: to squint
- がっかりする - **gakkari suru**: to get disappointed
- エンジン - **enjin**: engine
- 平和な - **heiwana**: peaceful

205

1. トラックの運転手はどこに魚介類を運びますか？
   Where does the truck driver deliver the seafood?

   a. 小さな港町
   b. 隣町の市場
   c. 駐車場
   d. 高速道路

2. トラックの運転手は、流行りの曲をよく知っている。
   The truck driver knows recent pop music a lot.

   a. はい
   b. いいえ

3. 運転手はどこで同じ黒い車に気が付きますか？
   At what point did the driver notice the black car?

   a. 港
   b. レストラン
   c. 駐車場
   d. 高速道路

4. 運転手は駐車場で誰を待っていましたか？
   Who did the driver wait for in the parking lot?

   a. 友達
   b. 同僚
   c. 黒い車の持ち主
   d. 市場の人

5. トラックの運転手は、黒い車の持ち主を知らない。

The truck driver did not recognize the person who owned the black car.

   a. はい

   b. いいえ

答／Answers

1. B 隣町の市場

   The fish market in the neighbor city

2. B いいえ

   False

3. D 高速道路

   On the highway

4. C 黒い車の持ち主

   The owner of the black car

5. A はい

   True

CONCLUSION

We hope you've enjoyed our stories and the way we've presented them. Each chapter, as you will have noticed, was a way to practice a language tool that you will regularly use when speaking Japanese.

Never forget: learning a language doesn't *have* to be a boring activity if you find the proper way to do it. Hopefully, we've provided you with a hands-on, fun way to expand your knowledge in Japanese, and you can apply your lessons to future ventures.

Feel free to use this book further ahead when you need to go back to remembering vocabulary and expressions — in fact, we encourage it.

Believe in yourself and never be ashamed to make mistakes. Even the best can fall; it's those who get up that can achieve greatness! Take care!

P.S. Keep an eye out for more books like this one; we're not done teaching you Japanese! Head over to **www.LingoMastery.com** and read our articles and sign up for our newsletter. We give away so much free stuff that will accelerate your Japanese learning, and you don't want to miss that!

MORE BOOKS BY LINGO MASTERY

Have you been trying to learn Japanese and simply can't find the simple way to discover new words?

Are you tired of having to pore through boring textbooks and complicated material that you don't really understand?

Are you looking for a way to learn the language more effectively without taking shortcuts?

If you answered *"Yes!"* to at least one of those previous questions, then this book is for you! We've compiled the **2000 Most Common Words in Japanese,** a list of terms that will expand your vocabulary to levels previously unseen.

Did you know that — according to an important study — learning the top two thousand (2000) most frequently used words will enable you to understand up to **84%** of all non-fiction and **86.1%** of fiction literature and **92.7%** of oral speech? Those are *amazing* stats, and this book will take you even further than those numbers!

In this book:

- A detailed introduction with tips and tricks on how to improve your learning – here, you will learn the basics to get you started on this marvelous list of Japanese terms!
- A list of **2000** of the most common words in Japanese and their translations
- An example sentence for each word – in both Japanese *and* English
- Finally, a conclusion to make sure you've learned and supply you with a final list of tips

Don't look any further, we've got what you need right here!

In fact, we're ready to turn you into a Japanese speaker... are you ready to become one?

Made in United States
North Haven, CT
21 October 2023

43026024R00124